新时期小学教师专业实践能力的培养

王妍 吴怡 著

哈尔滨出版社
HARBIN PUBLISHING HOUSE

图书在版编目（CIP）数据

新时期小学教师专业实践能力的培养 / 王妍，吴怡著. — 哈尔滨：哈尔滨出版社，2022.9
 ISBN 978-7-5484-6741-0

Ⅰ.①新… Ⅱ.①王… ②吴… Ⅲ.①小学教师—师资培养—研究 Ⅳ.①G625.1

中国版本图书馆CIP数据核字（2022）第172569号

书　　名：新时期小学教师专业实践能力的培养
　　　　　XINSHIQI XIAOXUE JIAOSHI ZHUANYE SHIJIAN NENGLI DE PEIYANG

作　　者：王　妍　吴　怡　著
责任编辑：杨浥新
封面设计：皓　月

出版发行：哈尔滨出版社（Harbin Publishing House）
社　　址：哈尔滨市香坊区泰山路82-9号　邮编：150090
经　　销：全国新华书店
印　　刷：廊坊市海涛印刷有限公司
网　　址：www.hrbcbs.com　　www.mifengniao.com
E-mail：hrbcbs@yeah.net
编辑版权热线：（0451）87900271　87900272

开　　本：787mm×1092mm　1/16　印张：11.75　字数：173千字
版　　次：2023年2月第1版
印　　次：2023年2月第1次印刷
书　　号：ISBN 978-7-5484-6741-0
定　　价：48.00元

凡购本社图书发现印装错误，请与本社印制部联系调换。
服务热线：（0451）87900279

前言

教师是专业人员，具有不可替代性，教师专业化是现代世界各国教育发展的趋势，而教师专业化的主要表现是教师的专业实践能力的发展。小学教师专业实践能力是教师教育专业学生必须具备的人民教师的基本素质，这就要求他们将所学的专业知识和教学技能运用于教学实践，以及提高专业知识应用能力的职业训练类实践课程。在小学教学系统中，美术教学实践能力的训练是培养应用型师范教育专业学生不容忽视的重要环节，因为要培养具有扎实教育理论知识、学科专业知识和较强的教育教学能力，并且能在小学从事教育教学和管理工作的高素质的小学教师，仅学习课堂理论知识是不够的。

基于此，笔者撰写了《新时期小学教师专业实践能力的培养》一书，在内容编排上共设置五章。第一章作为本书论述的基础与前提，分析美术学及其学科结构、小学美术欣赏教学的有效方式、选择性教育理念下小学教育专业、呼伦贝尔地区小学美术教育及发展。第二章探讨小学教师角色定位与专业发展，内容包括现代小学教师职业角色的定位、小学教师专业能力要求与训练目标，以及新时期、新课程背景下教师专业化发展与成长规律、小学教师专业实践能力的具体构成、小学美术教师专业发展。第三、四、五章在专业发展的角度上，研究小学教师的教育组织能力、语言表达能力、信息技术运用能力的培养。

本书有如下特征：

第一，坚持理论与实践的对接。本书关注源自小学教育实践中生成的问题研究，反哺小学教师教育，使内容具有鲜活的实践特征。本书充分运用案例，在分析研究的基础上，试图提升到理论的高度加以诠释，并且反过来指导实践，形成"真情境、小问题、高观点"循环往复、螺旋式上升的思维模式。

　　第二，以实用为宗旨。本书的撰写要旨突出实用性，使广大读者不仅在理论上理解小学教师专业实践能力的重要性，更重要的是了解如何在教学实践中提升这些能力，从而提高指导实践的意义。

　　本书在撰写的过程中得到了很多师友的大力协助，许多编辑也提出了宝贵的建议，同时，本书还参考了国内外一些学者的研究成果，在此一并表示诚挚的感谢。笔者虽然倾注了大量的时间和精力，但由于水平有限，书中难免有疏漏之处，希望对读者有所帮助的同时，也能获得读者的批评指正，以便日后不断修正。

目 录

第一章 绪论 001
- 第一节 美术学及其学科结构的解读 001
- 第二节 小学美术欣赏教学的有效方式 011
- 第三节 选择性教育理念下小学教育专业 014
- 第四节 呼伦贝尔地区小学美术教育及发展 018

第二章 小学教师角色定位与专业发展 032
- 第一节 现代小学教师职业角色的定位分析 032
- 第二节 小学教师专业能力要求与训练目标 036
- 第三节 新时期教师专业化发展与成长规律 045
- 第四节 新课程背景下小学美术教师专业发展 070

第三章 小学教师教育组织能力的培养 073
- 第一节 小学教师解读相关教材的能力的培养 073
- 第二节 小学教师的课堂教学组织能力的培养 087
- 第三节 小学教师的实践活动组织能力的培养 111
- 第四节 小学美术教师的教学活动组织能力 120

第四章 小学教师语言表达能力的培养 124
- 第一节 小学教师语言表达能力的培养 124
- 第二节 小学教师课堂教学语言表达能力的培养 129
- 第三节 小学教师教育活动语言表达能力的培养 135
- 第四节 小学美术教师的课堂语言高效表达能力 146

第五章　小学教师信息技术运用能力的培养 …………………… 149
第一节　小学教师信息技术的运用能力 …………………… 149
第二节　小学教师翻转课堂模式的运用能力 ……………… 165
第三节　小学美术教师慕课模式的运用能力 ……………… 177

参考文献 …………………………………………………………… 180

第一章 绪论

第一节 美术学及其学科结构的解读

一、美术学体系的研究

美术学的研究，应在美术文化整体的视野里，以学科视点展开对美术的系统研究。一方面，这是美术学科自身成长性变迁的需要；另一方面，美术外在环境变迁起着促进作用。所以，研究美术学，一是要充分考虑讨论美术学存在的具体环境；二是要注意选择和探讨研究美术学的方法。如此，才有可能促进对美术学学科的认识、研究和建构工作。因此，美术学，就是要努力对整个美术系统予以详究。

（一）美术学的研究对象

美术学是指人们专门以整体学科视点研究整体美术现象系统的人文科学。美术学，将整个美术文化生态系统作为研究对象，它既包括美术文化的形而上的范畴，又包括美术文化的形而下的范畴。或者说美术学研究，既要研究美术文化的内生态系统，又要研究美术文化的外生态系统。总而言之，不宜将美术学的研究对象，仅仅局限在美术的历史、美术的理论、美术的批评等方面。

1. 作为学科名称的"美术学"

对于美术学学科而言，即便是美术的假象出现，美术学也要予以统括性研究。因此，作为既有理论和实践内涵的学术性形态的美术学，应该以学科视点，用科学态度对待"整体美术现象系统"，从事实到理论，从理论到事实的专门学术研究的学科。凡美术文化生态系统的，或低层或高层，或雅或俗，或普通或经典，都是美术学的学科结构要素内涵，都值得关注与深入研究。"美术现象系统"表明美术学研究者不受零散性、易逝性美术现象的影响，他们会以系统论的观点和吐纳调控的方法，对美术予以综合性的研究。事实上，"美术现象系统"，也就是美术文化生态系统。

虽说学科名称的争论与确立，不是学科本质的问题，也不影响学科实际内容和范畴的研究。但是，能够及早地了解和明确学科所需，确立学科研究的对象，编码陈述研究的内容、范畴、概念、方法及其系统知识体系，以及让人们感知和把握学科的价值与魅力，都是研究学科的必需和首要工作。

美术学是一门科学——"美术科学"——的界论，在当下是应该而且能够被接受的。因为，不仅从科学的诉求和学科构建确立的要求看，美术学作为独立学科的资质是具备的，而且人们以"美术"的名义进行创造活动，以及美术文化作为精神产品被人们消费和给人类以帮助。加之，美术作为科学的分类系统知识，进入学校的教学学科目录，既是事实，也是由来已久的实在行为。从哲学上来看，现实存在的每一种事物，都是内容与形式的统一体。我们现在要做的课题，是如何让"美术科学"的内涵更加充实完善，价值更加彰显。进一步加强研究、构建和完善美术学的系统学科体系与内涵，便成为美术学研究的首要诉求任务目标。

2. 作为专门学科系统化的"美术学"

作为科学的直接目的，并非实际的结果，而是理论的知识。美术学研究的目的有以下几点。第一，为美术学科的自身建设提供系统性学理知识的支撑。没有理论指引的实践行为是迷茫的。美术学研究，就是要求能够提供滋润和促进美术生命存在和成长的知识和有序法则与理论。第二，给有多种实现可能的美术创造活动提供认识论、方法论，促进美术创造实践空间的自我拓展。第三，丰富美术文化内涵和促进美术良性变迁。让美术文化生态得到良好的保护和建设。在中国语境里研究美术学，还要求研究构建中国美术学学派。在日趋全球化的文脉里，美术文化的族群学派研究与构建，是十分必要且有意义的。尤其对于中国这样的文明古国和文化大国来说，更是要有自己卓尔不群的美术学学派。

美术学，是人类美术事象的专门学科系统化。"美术学"与"美术"，不是全等概念。美术，是人们着力于凭借视觉而创造的一门艺术形式。美术学，是对美术这种艺术形式，进行学科系统观照而研究建立的一门科学。因此，不要混淆了美术与美术学各自的内涵与范畴。

从美术学的概念与研究对象、美术学的任务目标、美术学的目的等综合界论来看，美术学具有理论性、共同性、学术性、动力性和开放性的特质。

（1）美术学的理论性。美术学虽然不只是对美术史论的研究。但是它在观照整个学科系统的研究课题时，总是呈现理论思考与理性总结的特点。

（2）美术学的共同性。美术学所研究的美术课题，总是美术系统里带规律性、普遍性的内容。只有对美术的共通的一些课题的深入思考与研究，才能确保美术学作为一门科学应有的学术地位与价值，这里的"共同性"也可称为"整体性"或"同一性"。

（3）美术学的学术性，美术学的研究建构与建构研究的一切课题，都是以系统性、专项性、客观性、创造性和注重科学研究方法论的行为。

（4）美术学的动力性。美术学的研究与建构，是为了促进美术自身的成长。美术学的研究，是为了创造升华和充实美术文化内涵。从根本上看，没有人类多样转换创造力的美术实践活动，也就没有美术学科及美术学的建构研究。所以，美术学的研究，是为了确保自己的生命和创造力不致枯竭。

（5）美术学的开放性。美术学的演进是以吐故纳新、宽容积淀为原则的。美术学的研究，就像"教育学"的研究。教育学，既要研究"理论教育学"，又要研究"实践教育学"。此外，还要研究"元教育学"。换言之，教育学的研究诉求和任务目标，不仅仅只是关注在理论上梳理和陈述教育的内涵，也不仅仅只是重视研究如何实施教学及活动的技术课题。要真正让所研究的教育学，成为有效培养和促进人成长进步的学科，它必须是开放性的研究行为。同理，美术学的研究是开放性的、多域的研究，这既是确保美术学研究始终处在较高学术水平上的必需，又是美术创造力得以强力度展示的必需。

综上所述，美术学的出现，表明人类又将面临着一个新思想的出现，我们应以自我之热情、智慧，去全方位地勇毅探讨、研究其精深内涵，并分析构建美术学学科的学术意义和社会价值。首先，有助于美术文化的发展。美术学的建构，将更加有利于美术的史、论、评、创、技、变和播（即传播）之间的相互促进与精进变迁。其次，有助于美术教育实践的有效深入。在中国，能使美术教育（尤其是高等美术教育）更具有科学性和学术水平。美术学作为学科名称之后，能让美术教育行为明确行进的方向。当下的中国美术院校，尤其是师范大学的美术专业教育，之所以出现在办学定位上的迷惘性，原因就在于缺乏对美术整体的综合性学术研究。因此，其教育思想、观念和行为，都不同程度地表现出了滞后性。例如，以美术技巧为中心的师徒式教授模式的教学观念和教学方法，至今依然很有市场。最后，有助于人类美术整体的学术理论水平的综合性提高和美术文化的健康演变。总而言之，确立美术学，是为了美术的健康性可持续演进和人类心灵的自沁润泽。

（二）美术学的研究方法

1. 感悟法

所谓感悟法，是指"研究者直接面对研究对象而谋求独有领会和见解的研究方式"①。"悟"，就是了解与领会。平时讲的"悟性"，是指"知性"。例如，对苏轼的《琴诗》——

"若言琴上有琴声，
放在匣中何不鸣？
若言声在指头上，
何不于君指上听。"

---

① 梁玖. 美术学[M]. 长沙：湖南美术出版社，2005：157.

——有怎样的理解和译码读赏认知结果,是多少能测试一个人的知性水平的。是否于诗行中领悟到主、客体互动作用之哲学深意,或能否意会到师生之"教"与"学"彼此促进的辩证关系等。在中国禅宗五祖弘忍的两个徒弟:北宗之神秀与南宗之慧能,分别所作的偈——

"身是菩提树,

心如明镜台,

时时勤拂拭,

免使惹尘埃。"(神秀)

"菩提本无树,

明镜亦非台,

本来无一物,

何处惹尘埃。"(慧能)

——中,是能领会到何为"悟"或"悟性"高低的程度。凡创造性的实践行为,都是需要感悟与灵性的。不论以"顿悟",还是以"渐悟"的方式去感知认识客观对象,认知主体的感悟能力,是认知研究行为深入与否的主要因素之一。当然,感悟法是在一定的知识积淀、观念积淀、经验积淀之中,才发挥效力或作用的。感悟法不论是对于具体的美术创造实践,还是美术理论研究,都是极为有用的方法。

作为研究美术学的感悟法,是强调研究者随时注意加大对美术学及其系统的思索与领会。寻求尽可能多的思维触点,不断提升理解水平,勤于将未编码的知识转换成美术学学科的有限编码知识,以及再推进提升为系统性的美术学学科编码知识。简言之,在感悟法运用的过程中,研究主体要能抓住自己对所研究课题的兴奋点,并在有所感触领悟的基础上,抓住在兴奋点刺激冲撞的冲动中闪现出的智慧灵光或思想火花,进而将无数个关于专门研究课题的思想火花系统化,使之成为有创造性的编码知识。总而言之,感悟法于美术学的实际研究过程中,是有重要的开启引领作用的。

2. 圆融法

圆融法是以有容乃大理念为指导，通过吐故纳新而对研究对象进行整合的研究方式。美术学研究的圆融法，一方面，是强调在研究方法论上，是综合整体的观念。无论是学科关照、界论陈述，都要有整体性和综合性思想。另一方面，在研究手段上，是综合采用一切有利于研究深入和问题解决的方法。美术学，本身是一门重新原初性建构的社会价值、知识体系、学术规范、陈述范式、学术传统的学科。对其精深研究，若只限于某一种方法是难以深究的。圆融研究方法，一方面，能打破一些单一性方法的限制或局限；另一方面，能借用相关有助于问题研究深入的方法，以一种集成整体化或集团作战的方式攻克研究课题。这样，使所研究的问题在方法的多元化之中得以解决。

采用圆融研究方法，不仅对美术学可以从定性、定量维度上做充分研究，而且在综合方法观指导下，还可能探索出独具个人有效性的科学研究新方法。总而言之，在当下及未来的研究课题的手段更加科学化、现代化的趋势中，圆融研究的方法更是不可缺少的。对于原初性研究建构美术学学科而言，只有研究方法的多元化，才能圆满地解决所面临的一系列新问题。

3. 参与法

参与法，也可称为质的研究方法。质的研究是以研究者本人作为研究工具，在自然情境下采用多种资料收集方法对社会现象进行整体性探究，使用归纳法分析资料和形成理论，通过与研究对象互动，对其行为和意义建构获得解释性理解的一种活动。作为美术学的参与研究方法，强调研究者投入到美术生活、美术作品创造实践等情境中，去感知、体验美术的存在与特性。从而在整体上认识、诠释、界论、陈述和把握美术学。对美术学的研究，必须先要在理论与事实之间做相当程度上的散步以后，才能从事实（指美术创作实践、美术生活旨趣、美术文化现象）中，得到有意义的东西（指理论性高度的智慧产物）。根据美术的特性，美术的理论性研究，最好应有一定的美术创作的具体实践行为积淀，这样才能对美术文化的情韵与属性，有真切的体悟和把握。同时，也才有助于对美术学研究的定位选择、精微剖析与陈述表达。

当然，美术学研究的参与法，不是主张研究者必须首先是一位如画家、设计家……之后，才能开始研究。为了避免美术学研究者对美术的"二次性"或太多间接性的认知、研究，为提高研究的针对性和研究水平，时刻关照、体悟美术创作的全过程，或尽可能争取获得身体力行的美术创作实践体验，从而增强对美术这个自在之物有实在的切肤之感、之知、之悟。应该承认，着力对美术学研究的本身，事实上也已经是参与到了美术情境之中了。总而言之，美术学研究的参与法，是强调美术学研究者，应扩大实际体验域和增大参与的力度，让研究更加有助于美术学学科的完善。

综上所述，欲对美术学予以多视点、多层面、多维度的理论研究界论，必须是要方法多元化，切不可拘泥于某一法。同时，也应该认识到方法只是工具，应该随着我们想要解决的问题而作相应的变换。所谓研究，其实是寻求，在为某个问题寻求答案。所以，只要有助于美术学学科的研究、建构、完善的人类任何的智慧性方法都可以采用。中国的美术学，是中国美术业界在中国社会文化、知识体制全面变迁和演进的环境中，对美术进行重新审视、对学科分类重新评估、对美术文化变迁重新定位的思索中，确立原初性建构的独立学科，这就将会促使相关人士对既有研究美术的理念、方式、方法的反思。也正是在这样的系列学术反思和力求再启蒙、再建构的过程中，才有可能建构一套真正符合和促进美术学学科发展的学术研究思想、认识论、方法论。因此，只要研究者不拘一格地努力以学科建设的新视点，以理论研究的新视野，展开对美术学的深入研究，中国美术学派，是一定会建立起来，并且是卓尔不群的。

二、美术学的学科结构

美术学的学科结构内涵系统，由三大结构层级系统——美术本体系统、美术意图艺术性视觉表现系统、美术变迁边缘系统——有机整合而成为一个互为联系、作用的结构整体。

（一）美术本体系统

美术本体，是指美术的自在内涵。也就是美术作为一种人类文化知识所守候的最本质、最核心、不能再分除的那些内容。美术本体具有恒定性，这是因为，美术本体所揭示出来的多是有合乎目的性的内在规律性的内涵。当然，不同文化背景里的不同民族在不同的时代里，对美术本体都有不同的或差异性的体悟性认知与实践。

美术学学科构成的美术本体系统，是人们从理论高度揭示美术根本学理及其内涵体系的范畴，其目的是诉求美术在人类积极调控的高质水平上良好地成长，并服务于人类。

美术本体系统，由视觉反映（即人们的视觉认知和表达的可能途径与方式。它包含着美术独特的思索活动过程与方法、人们特定心理与价值的视觉图式表达等内涵）、美术价值（即美术存在对于人类的不可替代的作用）、美术审艺（即美术对于艺术性的反映）、视觉接受与视觉阅读、美术文化等内涵要素有机整合构成。美术本体系统是一个综合性系统。它是由若干反映美术学学科本质内涵的子学科构成的。易言之，美术视觉认识论、美术价值论、美术审艺论、美术观看论（包含美术视觉接受论、美术视觉阅读论）、美术文化学，是美术学学科"本体系统"的基本和核心的学科要素。虽然有学者将"美术思维学""美术心理学""美术文化学"等划归到美术边缘性系统，但是，其有不妥之处。因为美术作为独立存在的学科，一方面，它一直都有思维存在的问题、有心理活动模式的问题；另一方面，美术本身就是一种文化存在。所以，认知视点和展开依据不同，结论是有差异的。总而言之，美术本体系统，是美术学首要研究的系统。对其认知的程度如何，将直接影响对美术的意图艺术性视觉表现系统与美术变迁边缘系统的深入研究。

（二）美术意图艺术性视觉表现系统

美术意图艺术性视觉表现系统，是研究并揭示美术如何将人们诉求之打算艺术化实现及其体系的范畴。美术的意图艺术性视觉表现系统，由意图艺术性视觉表现的理论性形态和意图艺术性视觉表现的技术性形态所构成。

美术之意图艺术性视觉表现的理论性形态，是美术转换、表达、调控实现意图所需要的表现理论性的内涵及其体系，这也就是人们通常所说的"美术技法理论范畴"，这是人们常常忽视的范畴。然而，一个缺乏美术的视觉实现之理论素养的画家，是难以以创造性的想象进行有力度的绘画创作行为的。因为画匠才只谋求对表现技巧的纯熟展示与重复。其实，中西方两大不同绘画形态的事实，就足以证明美术之意图艺术性视觉表现的理论主旨不同，其实现的视觉图式、语言评价等就不同。不仅如此，同样是欧洲的美术行为，如达达派、超现实主义、俄国构成主义等的理论主张不同，其特定意图艺术性视觉实现的方法与结果都有很大不同。

美术的意图艺术性视觉表现的理论性形态，一般包括美术表现形态学、美术创造思维学、美术转换论、美术构图学、美术语言学、美术材料学、美术技术学、美术造型学、美术设计学、美术透视学、美术解剖学等子学科，以及美术辩证法、美术评价论等内涵。总而言之，对这一子学科群研究的精进度越高、越厚实，那么，美术的意图艺术性视觉表现就有可能更加多元而完满。

美术的意图艺术性视觉表现的技术性形态，是指将美术创造意图表达、转换、实现所需要的技巧性的内涵及其体系。即一般所讲的美术技术表现方法。所谓技术，是指各种工艺操作方法与技能及其认知和信息。美术的意图艺术性视觉表现的技术，是指美术创造者根据美术创造转换实践经验和自然科学原理进行创造，从而形成的各种表现操作方法与技能及其知识与信息。例如，水粉薄画法、中国大写意花鸟画表现方法等。技巧，是指较为熟练的技能。技能，是指能掌握和灵活运用某专门技术的能力。美术转换、表达的技术性形态，是一般美术学人都较为重视的。因而往往重视过度而成为美术的"技术中心论者"。又如，在美术学院，部分人在评价他人的绘画习作或作品时，会认为人家基本功不扎实。致使不少学生也认为，美术专业低年级的学生就是要先学好技术表现的基本功，而美术的创造性思维训练与创作实践,则可以在之后的学年进行专门训练。之所以对美术的意图艺术性视觉表现的技术性形态,有一种极端重视的钟爱性误解,就在于对美术实现表达的技术性内涵没有正确的认识论。因此,研究美术表达的技术性形态,首先,应持有正确的认识论。学习并获得一定美术形态转换表现的技术水平,不是美术学或美术研究的终极目的。美术欣赏者观赏美术作品的希望,也不是企求只获得对一堆"技术活"的感知和体验。美术消费者真正需要的是美术家于作品中,给他提供能够润泽心灵的精神性的关乎生命意义、人性、人文、价值等内涵。其次,才是对美术实现表达的技术性内涵和多种表现的潜在可能性予以深入的探析。

美妙绝伦的美术创作意图,的确是需要同样高妙独特的创作转换手法与技术才能予之实现。一般而言,绘画重要的不是在于画的内容,而是在于如何画。"怎么画"的实质就是指以哪些有效的转换表现手法予以实现创作意图。尤其在写实性美术作品创造中,美术表现的技术水平,要求是很高的。尽管如此,美术的存在或创造,不是以展示超凡的技术表现手法和水平为目的的。对美术表达实现的技术性形态研究,只是把它作为整体美术研究的重要环节,加以认知和探究。

尽管美术的意图艺术性视觉表现的技术性形态内涵,因美术之具体存在形态的多样性而不可穷尽。但是,其研究的重点,是在于探讨和揭示努力实现美术之意图艺术性视觉转换实现的多元潜在可能性,并予以系统化完善研究。同时,要力戒在美术创造转换的纯粹个体技术性经验上的重复与传播。总而言之,美术的意图艺术性视觉表现系统,是美术学研究不可或缺的重要内容。例如,不论是在美术教学过程中,还是评价他人的美术创作或自己的创作实践,都要诉求——解放自己的创造力和艺术才智,进行独立人格化的表达,远离自己和他者的视觉惯性思维与视觉经验,创造性地实现自己的梦想,建造各自人生幸福的内涵。只要是真正注重用心体悟和观察生命的美术家,创作的此时之"视觉经验"与彼时之"视觉经验",是有别的。因此,要在具体的美术创作实践中,实现远离我们视觉惯性思维与视觉经验的创造性表达目的，必须注重对美术的意图艺术性视觉表现系统的综合性研究。其间，重要的是在于对人的视觉思维、视觉意识与视觉思考的研究，以及对人之视觉思维能力的培养。

正因为人们对于意图艺术性的视觉表现、转达的关注和研究，才形成了以视觉为中心的视觉文化——人们以视觉为媒介感知的知识与价值之组织系统及行为存在模式。视觉文化的核心内涵，是用视觉感知和读解客观对象，并宣泄表现自我心灵的视觉实现。从认知行为角度上讲，视觉文化是一种更为普及的文化。人们只要用眼睛来感知事物、用眼睛观看来获取信息，就离不开视觉文化的支持与帮助。

（三）美术变迁边缘系统

美术变迁边缘系统，是研究揭示美术在特定语境里创生充实学科及其系统的范畴。学科存在，总是会受到各方面的影响而不断演进。美术学学科系统，也有不少是美术与其他学科相结合而派生出来的、具有美术门类形态的新型交叉学科。

美术学的美术变迁边缘系统，是一个综合性的新生态体系。涉及面广，就当下而言，被已认识的美术学的美术变迁边缘系统，有以下一些学科形态——美术人类学、美术生态学、美术社会学、美术历史学、美术考古学、美术经济学、美术市场学、美术法学、美术管理学、美术哲学、美术伦理学、美术民俗学、美术民艺学、美术比较学、美术教育学、美术心理学、美术文献学、美术信息学、美术传播学、美术媒介学、美术学术论、美术未来学等等。

第二节 小学美术欣赏教学的有效方式

欣赏教学是小学美术教学的重要组成部分。例如，人教版《美术》教材在不同年段安排了不同的欣赏教学内容。低年段主要引导学生观赏自然景物和学生感兴趣的美术作品，然后让其用简短的话语表达自己的感受，如一年级上《神奇的口袋》《大家都来做》《彩线连彩点》，二年级上《流动的颜色》《变化无穷的线条》《闪光的名字》等。中年段主要以欣赏符合学生认知水平的中外优秀美术作品为主，学生用语言或文字描述作品，表达自己的感受与认识，如三年级上《魔幻的颜色》《万花筒》《大人国与小人国》《前前后后》，四年级上《色彩的冷与暖》《线条的动与静》《美术的节奏》《变一变》等。高年段主要欣赏中外优秀美术作品，了解有代表性的美术家，通过描述、分析与讨论，用简单的美术术语对美术作品的内容与形式进行分析，表达对美术作品的感受与理解，如六年级上《远近的奥秘》《风景写生》，六年级下《明与暗》《寻找美的踪迹》等。

小学美术欣赏教学可分为专题欣赏、随堂欣赏和现场欣赏三类教学方式，具体如下：

第一，在专题欣赏中开启审美启蒙。"专题欣赏是小学美术欣赏教学的主要方式，它指的是组织学生专门对某些作品进行欣赏的教学活动"[1]。例如，人教版美术六年级上"美丽的园林"一课，中国古典园林是中华文化的载体，它独树一帜。中国园林将自然与人工创造的山水花木及建筑等融于一体，体现的是人与自然相亲和的思想。本课的教学目标是通过情境体验、欣赏比较，让学生了解中国园林的形成原因及发展过程，让学生感受中国古典园林中建筑、植物和水的造型特点，同时结合自身游览经历进一步体会中国园林可游可居的特点。学生通过了解中西方园林的特点，感受不同的地域文化形成的不同审美特点，同时培养珍惜世界文化遗产与地方艺术的情感。

第二，在随堂欣赏中融入审美体验。随堂欣赏是指在课堂教学中结合教学内容穿插进行的欣赏，也就是在开展绘画、工艺制作等教学的同时，插入相关大师或同龄人的作品并进行欣赏，这种方式可以帮助学生更好地理解教学内容，增强教学效果，这种欣赏教学方式在平时的教学中运用得很多，

---

[1] 周仙.有效运用小学美术欣赏教学的三种方式[J].江苏教育（小学教学版），2022（3）：78.

比如：教师常常会安排范画欣赏及资料学习，教师指导学生观看讲解，从构图、色彩等方面指出作品美在哪里。例如，为了使学生掌握某种美术技能，教师会出示一些范画，或为了避免课堂中出现教师一人讲全班听的局面，教师鼓励学生从自身的视角谈谈自己对作品的理解和看法。对同一幅作品，不同的学生有不同的理解，这跟学生的生活经验和感知能力有很大的关系，教师千万不能忽视学生内心的真实体验。这样的自由交流、随堂欣赏的方式更能充分体现对学生的尊重，凸显学生的课堂主体地位，从而收获良好的教学效果。

第三，在现场欣赏中学会审美表达。美术是视觉的艺术，唤醒学生审美的眼睛，是提升其审美素养的前提。现场欣赏是一种在课堂教学之外的美术欣赏形式，是指在现场实地察看中进行的欣赏教学，是一种浸润式的欣赏体验。开展现场欣赏教学需要契机，老师一般会利用学校组织外出参观的机会，结合导游讲解和宣传资料，组织开展欣赏教学。例如，在学校经常开展社会实践基地活动，组织学生参观美术馆、博物馆，访问书画家、工艺美术家，学生在观看工艺美术家技法表演时，充分利用现场资源，及时开展欣赏教学，与学校美术课堂教学形成互补，帮助学生从实物、实体、实景中探究地方美术文化的独特魅力。当学生在现场欣赏的过程中了解到足够的知识后，民族自豪感会油然而生。从教学实际情况看，学生对这样的学习是比较喜欢的，且对教师讲解的相关知识掌握得非常好。

总而言之，在进行小学美术欣赏教学时，没有固定的教学方式，很多时候需要教师根据课堂实际情况灵活地变换，这需要教师对学生的学习情况有全面的了解，结合自己的教学经验给予学生更为全面的欣赏指导，进而有效提升学生的审美能力。

第三节 选择性教育理念下小学教育专业

小学教育专业作为当前高校专业体系的重要分支，其课程改革的意义及价值对未来义务教育的发展有重要作用，是国家及教育界培养高水平小学教师队伍的重要平台，对基础教育领域的教育工作起至关重要作用。小学教育专业课程改革，归根结底，是深化教育改革的具体实践，最重要的核心是对课程的体系、内容、架构的整体变革及发展。基于选择性教育理念的小学教育专业课程改革，是结合当前学生特点及未来教育发展趋势而进行的积极创新、探索，力争通过办学生满意的教育来带动课程的变革，以便促进小学教育专业学生的综合成长及专业发展。

一、小学教育专业课程实施选择性教育理念的必要性

面对当前社会教育系统的逐渐完善，公众对应试教育的要求越来越高，对学生受教育的多样性、深层性、科学性均要求严格。这些客观要求也直接影响了高校对小学教育专业学生教学质量的深度改革，通过追求个性化教育即选择性教育理念，进一步提升人才素质及自身办学水平。

第一，是满足现代社会多样化需求的必然选择。小学教育专业课程改革正是为适应社会经济教育发展需求而进行调整及创新发展的，高校只有办学生更满意的教育、开展更适合学生主体的课程内容、布局更凸显学生个性的课程结构，才能最大程度发挥每个学生个体的优势，同时彰显学生的个性魅力。这些需求的实现均应建立在高校积极教育变革的基础上，同时，选择性教育理念的普及和落实，正是基于市场需求导向及学生个性化教育发展的新定位。因此，基于选择性教育理念开展小学教育专业课程改革是满足社会多样化需求的有效途径。

第二，能充分体现国家实施有质量有个性的教育公平。面对我国人口基

数大、贫富差距显著的现状，传统教育的公平性更多表现为让每个孩子有接受教育的机会，而对于学生选择接受怎样的教育、喜欢哪种教育方式却无法有效满足，也迫使学生的教育水平及学习成果呈现出较高同质化现象，无法实现真正意义的教育公平。选择性教育理念的提出，正是国家基于对教育未来发展的考量，尊重每个学生个体的选择权，倡导学生的自我成长，最大化满足学生个体差异化的需求，能充分体现教育以人为本的价值理念，倾向于重视个体需求的教育公平，是对教育深入改革的又一次有益尝试，极大体现出国家注重教育的发展性和持续性，力争办学生满意的教育。

第三，是综合提高小学教育专业人才素养的强基之路。深化小学教育专业课程改革，并导入选择性教育理念，可从尊重学生主体个性化发展的角度思虑课程体系的建设及侧重点，让小学教育专业不再泛而不精，让教育专业的学生能有重点地学习所需知识，进而提升自身的专业水平和教学素养；让专业学习不再空洞和宽泛，能够结合个体所需，做出适合每个学生个体的课程安排，进一步突显教育的价值与意义，为培养一批批强专业、高素质的小学教师队伍打牢成长基础，铺就强才之路。

二、选择性教育理念下小学教育专业课程的改革思考

选择性教育理念的提出，是对当前教育更长远发展规划的积极探索，更是未来人才建设的需要。基于选择性教育理念的小学教育专业课程体系改革，能够在一定程度上改善当前教育困境，进一步提升高校教学水平，建立更科学的课程体系，培养出更合格的小学教师队伍。

第一，政府落实简政放权，赋予学校更多自主选择权。选择性教育理念的提出及落实，是教育界深化改革的破盾之矛，也是高校小学教育专业优化课程设置方案的指导性理念，更是政府及行政部门简政放权的具体表现。国家对高校教育政策的进一步明确和拓宽，可促使高校拥有更多选择的权利，对小学教育课程设置及设计更贴合各校实际及教学特色，凸显学校独特文化内涵。此外，对选择性教育理念最重要的贯彻，在于国家宏观层面的顶层设

计及结构优化。政府部门对教育政策的把握和宣传离不开中央战略部署及宏观指导，同时，高校最终获得更多选择权利，实现小学教育专业课程的进一步改革，也需国家层面给予真正的简政放权。

第二，学校加强小学教师专业成长，赋予教师更多授课自由权。小学教育专业课程改革的进一步推进，必须要靠高校这一教育主体来具体实施。高校获得政府层面的支持后，需科学运用自主选择权利，把握时代赋予现代化教育的伟大机遇，进行具有创新意义的改革，让选择性教育理念真正落到具体教学活动中，汇聚到高校教师群体的脑海中，体现在学生的具体学习行为中。首先，学校应理解选择性教育理念的核心含义，除了正确使用学校权利外，应主动赋予教师主体更多的授课选择权、学生选择权、课程选择权，充分尊重教师群体的创造力、科研力、奉献精神，发挥教师的专业能力，挖掘教师的创新意识，让教师在选择中获得尊严、荣誉和教学成果。其次，教师主体也要充分认可选择性教育理念，把握学校赋予的更多选择权利，一切从学生出发、为学生服务，优化教学课程，帮助学生在共同基础上获得个性化成长，提升其就业几率及职业长远发展。

第三，学校充分尊重学生的主体性，积极倡导学生的学习选择权。学校深入理解选择性教育理念，并走向具体实施阶段，还需关注学生这一受教育主体。深入感知受教育学生的真实想法，对不同学生施行差异性教育，最大化发挥学生优势，实现学生全面发展。首先，学校应充分尊重学生自主选择学习方式的权利，打破固定陈旧专业课程安排，由学生自主选择自己喜欢的课程及学习课程的形式，按个人需求，选择网上教学或现场学习或实践教学等。其次，学校应采取选课走班的教学模式，让学生在基础学习的过程中，实现个性化发展。结合分层教学理念，对不同类型的学生进行最适合的差异化教育，最终使他们获得专业程度的不同成长。最后，根据学生所处学习阶段的不同，学校可容许学生随时根据学业状态及知识掌握度做出随时课程调整，让课程适应学生发展，让学生充分掌握主动权和选择权。

第四，学校强化推进"理论+实践+能力"一体化课程体系。选择性教育理念在小学教育专业课程改革的进一步发展，是当前学生个性化成长的需要，是教育可持续发展的不竭动力。高校推行选择性教育理念，不仅需在思想上做出突破，更需付诸行动。高校对小学教育专业课程进行改革，目的是获得学生的专业性成长和综合素养提升。因此，课程的改革及进一步推进，都需建立在学生受益的基础上，针对当前社会对学生综合能力及实践经验的高要求，高校下一步课程改革的重点应集中于打造"理论+实践+能力"一体化课程体系，从理论基础、实践强化、能力提升三个点出发，进行课程一体化安排，帮助学生主体从不同学习阶段获得不同学习成效，实现综合能力及素养的逐步递进，从而全面掌握整个小学教育专业年度学习的所有教学重点及难点，为未来职业发展打牢基础。

第五，学校应以职业发展为导向，构建学期螺旋递进课程链。小学教育专业课程的改革主要服务于未来学生职业生涯，鉴于此，在选择性教育理念的倡导下，高校应以学生未来职业发展为向导，以弹性学制为纽带，构建以学期节点为分界线的课程难度高度螺旋递增的学习模式。首先，小学教育专业课程改革应坚持以职业发展规划为目标，帮助学生认清小学教育专业的使命、未来就业途径及市场择业要求，以职业选择来合理进行专业学习及实践。其次，高校不以固定的学年制来定义小学教育专业学生的学业考核成绩，由学生自己根据课业完成情况及学分获得情况来定义学制的完成。最后，高校对小学教育专业课程内容的安排应当有层次、有特色、有侧重，通过学期节点建议学生对课程的学习及难度的把握，让学生在梯度逐渐上升的专业难度中，高质量完成学业。这样既能保障教学计划的弹性度，又契合教学规律，并展现出对学生自主选择的支持，使选择性教育理念得到更好的落实和演变。

第六，学校根据办学特色，增加单科或多科型人才培养的课程，补充课程结构。面对当前小学教育专业就业率及市场供需变化，高校应积极适应社会发展需求及人才培养方向，提高自身办学水平及效益，进一步改善小学教育专业就业率。小学教育专业就业率的提升主要依赖于高校对小学教育专业人才的综合性培养及专业水平的技能指导。因此，高校在选择性教育理念的指导下，应积极根据自身办学特色及当地小学教师类型缺口，对小学教育专业的课程结构和成分进行再细化、分类，将市场差异化与学生个性化的有机结合作为进一步改革的驱动力。根据当地小学教师类型需求的变化，高校应开设针对单科或多科型人才培养的课程，补充已有的课程结构。这样，一方面，能更好地满足市场对多类型小学教师的现实需求；另一方面可弥补之前课程结构的单一性，加大课程类型的可选择性，拓展创新课程结构，提升高校就业率，进一步保持高校对小学教育专业的培养优势。

第四节　呼伦贝尔地区小学美术教育及发展

当今我国对义务教育的重视，不仅在各项政策方针中得以体现，更重要的是在物力、人力、财力等方面的大力投入，使小学义务教育呈现出欣欣向荣的局面。素质教育实施过程中，人们认识到美术教育对完善教学设施和提高学生素质方面所具有的作用。目前，民族地区美术教育受到更多的重视，民族地区小学美术教育处在实践与理论研究的初始阶段，而利用和发展民族地区美术资源是美术教育改革所要解决的一个难题。要发展美术教育，必需投入资源包括人力资源、物力资源、财力资源等方面，体现在学校层面、教师层面、学生层面和教材等层面。下面以内蒙古呼伦贝尔市小学基本情况进行分析，力求美术教育在我国的基础教育发展当中起重要作用，为国我国培养德才兼备的人才。

一、呼伦贝尔地区小学美术教育的特征

呼伦贝尔市是内蒙古地区少数民族居住密集的地区，因地理位置比较偏僻，文化、经济和思想发展缓慢等多方面原因，导致了呼伦贝尔地区的小学美术教育出现了比较多的困难，地区和学校对小学美术教育的投入也不及其

他科目，教师教育能力的薄弱、学生受教育不具体没有针对性、缺少地方文化的认识与传承学校教学设施的不完善等各方面问题，使本地区的小学美术教育难以跟上全国新课程改革的脚步。呼伦贝尔地区美术教育的发展方式有着自己的独特性，具体如下：

第一，地区偏远。呼伦贝尔市地处中国北面边疆、地广人稀。随着中国经济的快速发展，人们的生活水平不断提高，民族地区小学美术教育地位也得到了提升，使其美育方面也有所发展和改善，与经济发达地区课程改革理念相比较，对小学美术教育提出了高标准高质量的要求。

第二，对地方文化的认识与传承。现在部分地区认为学习美术是少数人应掌握的一项技能，认为少数人以后要靠其生存，这样，集体就缺少了主动性，不会积极参与。因此，要培养学生对美术的兴趣，教师要着很重要的引导作用，很多人没有意识到民族美术是作为地方文化来进行学习和传承的，很多地方文化习俗都可以通过美术教育活动来认识和学习，并且将其传承下去。

第三，师资力量薄弱、教师综合能力不全面。由于经济较为落后，呼伦贝尔地区的小学美术教师师资分配不均匀，在城市有较优秀的美术教师，在偏远的小学并没有专职的美术教师。一些学校的美术课是由其他课程老师代课，也有一些学校根本没有美术课程。

第四，民族美术资源丰富。呼伦贝尔是少数民族居住密集的地区，有着丰富的民族特色与文化历史，民族民间美术资源也非常丰富。民族美术在民间衍生于实际生活中，民族民间艺术也是以实用性为主，部分民间文化艺术能够保留下来，说明其有很高的艺术成就，值得我们后辈去学习、传承与发扬。

二、呼伦贝尔地区小学美术教育的内容

下面以《纸雕塑》内容为例，探讨呼伦贝尔地区小学美术教育。

(一)课程性质与任务

纸雕塑是研究立体、空间造型的一门基础课。该课程通过对立体空间构成的基础理论及技法的讲授和实践,使学生能够较为系统、全面地了解形态、空间造型设计的手段、原则及造型材料的可塑性。学生立体造型和空间构成的创造性思维能力及审美能力。

(二)教学目的与要求

(1)目的。

1)掌握正确的观察、借鉴、创造性思维方法。

2)研究立体空间构成的形式法则,培养学生的形态空间的审美能力。

3)掌握立体空间造型的方法、手段,掌握材料造型的可塑性能。

(2)要求。

1)讲授立体构成的基本理论,注重培养学生对立体、空间形态的审美能力。

2)鼓励学生对材料、工具、造型的可能性进行广泛、积极的探索,能对其进行创新性的运用。

3)以抽象形态为研究重点,研究手段是理性的,而作业应是感性的、艺术性创作的结果。

（三）教学时数分配

章次	讲授内容	讲授时数	技能或实验时数	总计时数
1	立体形态设计的创造性生成	2	1	3
2	从平面到立体的创造	2	1	3
3	面材构成	4	2	6
4	块材构成	2	1	6
	阶段考核	0	2	2
	阶段考核	0	2	2
5	线材构成	2	1	3
6	衍纸艺术	4	2	6
	创作	0	2	2
	创作	0	2	2
合计		16	16	35

（四）教学内容和课时分配

第一章　立体形态设计的创造性生成（2课时）

一、教学目的

（一）明确创造性思维产生的动力

（二）掌握立体构成的有关概念

二、重点难点

（一）立体构成研究的意义、目的、任务、工具、材料

（二）创造性的思维方法

三、每个教学要点所覆盖的知识点

1. 了解：纸雕塑的方法并用纸作为基本材料塑造。

2. 理解：纸材的质感。

3. 掌握：纸雕塑的制做要点。

4. 应用：提高学生的动手能力。

第二章　从平面到立体的创造（2课时）

一、教学目的

（一）明确立体构成研究的意义

（二）掌握由平面到立体的想象与创造

二、重点难点

1. 平面的想象与创造。

2. 半立体的构成。

3. 立体造型。

三、每个教学要点所覆盖的知识点

1. 了解：用纸作为基本材料塑造物体。

2. 理解：纸材的面体表现感。

第三章　面材构成（平时考核）

一、教学目的

（一）了解造型观念、原理

（二）掌握单体构造的方法、手段

二、重点难点

1. 面材的特点和种类。

2. 面材的空间表现。

3. 面体结构。

三、每个教学要点所覆盖的知识点

1. 了解：用纸作为基本材料塑造物体。

2. 理解：纸材的面体表现感。

3. 掌握：认识造型、色彩等纸雕塑因素。

4. 应用：提高学生对纸材的造型能力。

第四章　块材构成

一、教学目的

（一）了解空间构成观念、原理及形式法则

（二）了解多体组合的构造关系

二、重点难点

1. 块材的特点及性质。

2. 单体造型。

3. 体块群组。

4. 立体综合构成思考与设计。

三、每个教学要点所覆盖的知识点

1. 了解：用纸作为基本材料塑造物体。

2. 理解：纸材的块体表现感。

3. 掌握：认识造型、块体、色彩等纸雕塑因素。

4. 应用：提高学生对纸材的造型能力。

阶段考核

一、考核目标

考核学生综合运用设计手段的能力；纸雕塑造型能力，能否将之前所学内容相互融合。

二、重点难点

纸立体综合造型。

三、考核要点所覆盖的知识点

1. 了解：用纸作为基本材料塑造物体。

2. 理解：纸材的线、面、块体表现感。

3. 掌握：认识造型、色彩等纸雕塑的元素。

4. 应用：提高学生对纸材的造型能力。

第五章　线材构成

一、教学目的

（一）了解线材的种类及特点

（二）了解软质、硬质材料的构成

二、重点难点

1. 软质材料的构成。

2. 硬质材料的构成。

三、每个教学要点所覆盖的知识点

1. 了解：用线作为基本材料塑造物体。

2. 理解：线材的表现感。

3. 掌握：软硬线材的造型、色彩的感觉。

4. 应用：提高学生对线材的造型能力。

第六章　衍纸艺术

一、教学目的

（一）了解衍纸艺术的历史

（二）掌握衍纸艺术的造型原理及方法

二、重点难点

1. 衍纸的基础造型。

2. 衍纸造型的设计。

三、每个教学要点所覆盖的知识点

1. 了解：用衍纸作为基本材料塑造物体。

2. 理解：衍纸艺术的表现手法。

3. 掌握：衍纸的制作步骤。

4. 应用：提高学生对纸材的造型能力。

结课考核

一、考核目标

考核学生综合运用设计手段的能力，能否将之前所学内容相互融合。

二、重点难点

纸立体综合造型。

三、考核要点所覆盖的知识点

1. 了解：用纸作为基本材料塑造物体。

2. 理解：纸材的线、面、块体表现感。

3. 掌握：认识造型、色彩等纸雕塑的元素。

4. 应用：提高学生对纸材的造型能力和创造能力。

（五）本课程与其他课程关系

本课程内容主要以平面构成、色彩构成、立体构成、剪纸课程的学习为理论基础，将纸在现实生活中的应用运用到立体造型中，除了要求学生对纸的成型技巧的把握以及对纸的选择以外，更重要的是将创造性思维带进纸的创作中，赋予作品以生命。

（六）教材及参考书

1. 教材。

《立体构成》，刘明来著，安徽美术出版社，2008年8月版。

2. 参考资料。

（1）《纸的主体构成与设计》，朝仓直巳著，廖伟强译，大陆书店出版。

（2）《立体构成》，辛华泉著，黑龙江美术出版社出版。

（3）纸艺网。

三、呼伦贝尔地区小学美术教育的发展

随着新课程的不断深入探索，小学美育在教育体系中的地位不断提升，呼伦贝尔地区的人们也意识到小学美术教育的重要性，民族地区也更加重视小学美术教育。目前，民族地区小学美术教育的总体水平比初期的发展阶段有了明显提高。内蒙古的小学美术教育面临着诸多挑战，有的会影响民族小学美术教育教学的实施和发展，所以必须意识到这些问题存在的重要性，才能解决这些问题，为民族美术教育健康发展提供有利条件。如今，呼伦贝尔地区小学美术教育的教学条件、教学能力、教学环境及教学态度方面有待提高和改善，这就需要小学美术教育工作者在教学中梳理正确的教学模式，成为良好的教学引导者与建设者。目前，在我国大力改革进行新课程教育影响下，呼伦贝尔地区根据实际情况，寻求保护地方文化、传承民族特色的小学美术教育道路。因此，要使呼伦贝尔地区小学美术教育顺利发展，走出适合呼伦贝尔地区自己的基础小学美术教育道路，需要研究者将全球先进理论与基层理论结合，为民族寻求解决方案。

（一）优化师资队伍

呼伦贝尔地区经济条件不断发展，基础教学的硬件设施增多，教师教学内容的不断增多，新小学美术课程不断地改革发展，这就要求对小学美术教师的培养与培训不断加大，让教师解放思维，改善美术教师的教学知识结构，达到更高度的教学高度，所以要先解决民族地区小学美术教师培养与培训的问题，加强呼伦贝尔地区整体师资队伍建设。在充分利用地方文化资源

的基础上，举行选拔优秀教师美术教学现场比赛等活动或是在学生到呼伦贝尔地区的小学校进行实习分配，教师到其他优秀院校进行专业培训，举办美术教师培训班，让一些教师培养美术类学生，到各民族地区小学美术教育任教培训。

美术教师在美术教育课程当中是不可或缺的主体，在美术教学过程当中发挥着重要的引导作用，教师应具有创造性，应具有文化专业素质。另外，为提高教师教学的综合素质，对呼伦贝尔地区小学美术教师进行培训，这样不仅使他们掌握了呼伦贝尔各地区小学美术教师的课堂经验和教学经验，培训合理的科学教学内容，对小学美术教师的教学专业发展、教学素质有很大的帮助，提高了教师自身的综合素质，还对呼伦贝尔地区美术教育的发展有不可估量的作用。

（二）提升全民自身素质

1. 学生对于本地方文化艺术的求知欲

教师需要做好学生的思想教育工作，提高学生学习美术的积极性，需要学校和教师结合课外活动和校外美术教育活动，让学亲身经历大自然的魅力，同时带动学校教学中，美术学科的学习氛围。要相对结合民族地区地方文化特色，融合校园文化，让学生更好地理解民族民间美术知识。让民族民间美术文化走进校园，让老师了解民族地区地方文化环境下的小学美术教学的方法，结合地区实际情况建立小学美术教育教学体系，为民族地区小学美术教育建立良好的学习氛围和学习条件。

另外，拓展教学内容与教学创作题材是美术教学中不可或缺的一部分，呼伦贝尔地区小学美术教师应根据呼伦贝尔地区美术教育的实际情况辅导学生的美术创作，使学生思维美术创作题材中脱颖而出。要与学生的日常生活紧密相关，符合呼伦贝尔地区的真实状况，学生能够实际操练的内容是专职美术教师拓展其教学内容的首选。

呼伦贝尔的各个地区有着丰富的自身地方文化，在教学过程中，学校和教师应该对民族地区美术资源不断进行开发和利用是有很大的必要的。在美术课程教学中，更好地吸收民间美术知识，拓宽学生的视野，在美术创作时，有更多的题材进行选择。教师在美术教学中可从民族地区具有代表性的图案进行解释、分析得出重点后，让学生在学习当中发现不同的观点，总结规律，让学生认识和学习到地方文化的特点。另外，拓展美术课堂新内容，这也对我们的教材有了很大的补充，让学生更易容理解课本知识。将国家标准教材与地方文化资源相结合，然后改革和发展小学美术教育教学方案，有目的、有选择性地将地域性、民族特色的美术教育内容发展美术课堂的教学的内容，直观地将学生身边事物联系起来，这样，学生对教学内容就很容易理解，这是我们所要达到的目的。让学生学习知识的同时了解地方文化，提升其对美术的学习兴趣，加强对本土文化的传承意识，让学生自愿承担继承地方文化、发扬地方文化的重任，从而更加热爱和了解自己的故乡。

2. 美术教师在地方文化、艺术方面的研究深度和能力。

（1）在教学材料的准备方面，根据小学美术教材大纲，以学校美术课程内容为材料，大量力倡教师在教学当中能充分利用民族美术的元素，并加入本民族地区的特殊材料。呼伦贝尔地区是平原地区，各地区有不同种类的树木、泥土、石头等天然材料可为美术课堂所用，可以将生活用品、零碎的布条收集起来利用，废旧用品也能作为美术材料，在美术课堂中加以利用。比如在桦树皮艺术的教学中，让学生收集随处可见的桦树皮运用到创作中，不仅仅是教师完成了美术教学，也使学生亲自参与，利用随处可见的物品进行艺术创作的体验过程，能培养学生将低成本甚至零成本的材料运用到美术课程创作中，完成自己的美术作品。

（2）美术课堂的设计要求教师在美术课堂的导入环节中抓住学生的注意力，激励、吸引着学生进入本课堂的教学。优秀的教学导入是对课程教学艺术的再创造，让学生学在良好的学习状态下进入美术教学，对课堂顺利进行下一步教学内容非常重要。以呼伦贝尔地区民族民间美术的不同特点为基础，在实际教学中采用以本地方文化、传统故事为导向进行课堂引入的方式，能够积极有效地引起学生的学习兴趣。例如，对当地特色代表性蒙古包进行讲解，如果能把蒙古包的小模型带进课堂而进行课程讲解，会更加有效。因为这样能让学生更加直观深入地了解本民族代表性建筑，同时，在课堂上利用这些资源抓住学生的注意力，有利于更好地进入下一个教学环节。若能运用学生学习的兴趣题材导入，学生更容易了解民族的文化，有利于使学生担起传承民族传统文化的责任。导入必须充分强调学生和老师的互动性，导入的最终结果是能够有效抓住学生的注意力。

（3）重视教学过程。《美术课程标准》的主要宗旨是：教学目标是把教学活动过程提高到重要的位置，注重"活动促发展"的宗旨思想，教师在讲课的时候要以本地方文化特点进行教学，如对内蒙古族服装展示的教学过程中，教师需要普及服装的基础知识和分析深入地讲解服装的来历和用处，在课堂上让学生亲自体验制作传统民族服装的工艺方法过程，培养学生对本地区地方文化的自豪感，要让学生从小就建立保护和传承本地方文化的意识，要求教师能够抓住课堂的重点耐心指导学生制作服装，这样才能激励学生，激发学生对美术课堂的兴趣，这样才能使学生认识到地方文化的魅力，才能让学生投入情感，全面提升学生的艺术修养。

（4）培养学生的创造力。小学美术课程的重要作用是能让学生学以致用，要培养学生通过自己独立思考在美术课堂上学到的知识，以小组合作或独立的方式进行美术再创作的能力。让学生主动去研究，老师在这个过程中只起到辅助作用。换言之，教师不能在思维上干涉学生，只能在绘画技法技巧方面予以引导和辅助，这样，学生就可以充分地发挥自己的想象力进行再创造。真正优秀的老师要具备捕捉学生独特思维的能力，从而进行鼓励和引导，使他们将自己的情感抒发出来，进行艺术创造。例如，虽然我们只有一个太阳，在分析完太阳的简单构成后，可以引导学生展开想象，分小组讨论太阳是否会生气，太阳是否会减肥，太阳是否会变老以致长了长长的胡须……进行适当的想象的引导能使学生发挥想象力，想象出不同形状、不同颜色的太阳，有利于其创造力的拓展。

（5）建立多维度的评价平台，改变以往的以教师个人为主的评价体系，为以学生互相评价和自我评价为主的互动平台，教师在这过程当中应该起辅助作用，培养学生的自主独立精神，要努力做到尊重和关心每个学生的独特性和学生对自身做出的评价，教师的重要角色应体现在引导、适时示范课程目标中的技法技巧、总结美术课等方面。

（6）能积极地由课内不断向课堂以外延伸。学生在学习美术的过程中，不能局限于课堂上的知识，要积极地走出课堂去接触大自然，接受先进的思想，否则学生的视野会越来越窄。当我们的教师能带头让自己的学生在其课程中走出教室，走入大自然，在校园内游览、感受后再作画，学生能更好地感受自然，体验生活。教师要做到及时拓展学生的视野，有利于使学生轻松地学到技巧技法；教师要通过对校园里需要美化的黑板、墙壁、橱窗等版面的充分利用，让学生摆脱纸面作画的局限，利用更大更广阔的墙面抒发自己的情感。这样既能使校园更加生动活泼，又能使学生重新获得自信心和生命力，间接感染到学生的学习情绪。适当地带领学生参加一些主题艺术比赛，能使学生获得学习成就感。如果学生的作品被展出或获得奖项，得到家长和同学的认可，这对学生来说是极大的鼓励，对美术教育的发展也有着极大的推动力。

（三）社会各界人士的支持

社会各界人士所达成的共识，是将精神领域审美的需求以及是否自觉务实作为地方文化艺术的传承者的任务，这同时也是呼伦贝尔地区小学美术教育是否能够持续发展的重要监督环节。地方政府及社会各界人士的大力支持，学校引进民间艺术为美术教育课程的教学内容，不仅能让小朋友们了解和认识民间美术发展的过程及历史，了解民间美术在历史文化发展中的重要地位，也可以弥补美术教材中的不足。

特定社会的价值观和社会的思维方式对社会的其他方面都有所影响，甚至也在一定程度上控制着人们的思想以及生活，特别是当一种思想受权力控制又为其所用时，其影响力和控制力就会无限变大。作为社会性义务教育阶段的美术教育这一学科，也或多或少地受到特定社会思想价值观的影响。

现阶段美术教育是在重视以人为本的人文主义价值观的社会中，个人情感、欲望的表达，也是呼伦贝尔地区美术教育中注重情感表达而非技术性有利发展的沃土。若要持续、健康地发展，需得到社会各界人士在社会价值观方面的支持。为学生开设的丰富多彩的美术课，使有限的课堂内容在校外得以延伸与拓展。

同时也要极力改变一些社会优秀手工艺人改变手艺只传授自己徒弟的狭隘思维方式，能将自己的手艺带到学校，作为自己民族的优秀艺术文化而精细讲解以及示范，不仅可以对年轻美术教师进行培训也能主动对小学生进行普及。

另外，社会中一些优秀的手工艺人只将其技艺传给自己的徒弟，这种思想和做法有一定的局限性，是优秀手工艺失传的原因之一。这些手工艺人若能将自己的手艺带到学校，进行精细讲解以及示范，不仅有利于学生和教师的学习，还有利于优秀手艺的传承。

第二章　小学教师角色定位与专业发展

第一节　现代小学教师职业角色的定位分析

一、小学教师职业角色的认知

在社会生活中的每一个体都扮演着不同的角色，不同职业角色都被社会赋予了不同的权利、责任、行为规范及相应的行为模式。教师角色既代表教师个体在社会群体中的地位和身份，同时也包含着社会所期望的教师个人表现的行为模式；它既包括社会、他人对教师的行为期待，也包括教师对自己应有责任的认识。"角色意识是指个体对自身角色地位、角色规范及角色行为的觉察、认识与理解"[①]。

教师角色意识就是指教师对自身的角色地位、相应行为规范及其角色扮演的认识、理解与体验，不仅包括动态方面教师对角色进行认识、理解的过程，也包括静态方面教师对角色认识、理解的结果。此认识结果一方面表现为教师所形成的稳定而深层的观念；另一方面表现为教师的情感体验和心理感受。也就是说，教师角色意识所反映出来的教师对其角色地位的认识、理解和由此产生的行为结果，是以教师深层的观念和丰富的情感体验为依托的。教师的角色意识在教师的教育观念中居于核心地位，影响着教师的心理体验与感受，支配着教师的教育行为，从而影响着儿童的健康成长。因此，

---

① 王贞惠，刘晓玲．小学教师专业能力训练[M]．成都：西南交通大学出版社，2018：1.

强化教师的角色意识，是提高教师的专业素质，促进教师专业发展的重要途径。教师只有在了解了角色规范的基本要求之后，才能很好地扮演其职业角色。

第一，小学教师应是学生人生的领路人。教师除了向学生传播知识外，还要引导学生沿着正确的道路前进，并且不断地在他们成长的道路上设置不同的路标，引导他们不断地向更高的目标前进。另外，教师要从"道德说教者""道德偶像"的传统角色中解放出来，成为学生健康心理、健康品德的促进者、催化剂，引导学生学会自我调适、自主选择。

第二，小学教师应是学生学习知识的组织者、引导者与合作者。新课改倡导学生主动参与，乐于探究，勤于思考，善于动手。这就要求教师调整和改变教学行为与策略，转变角色，不再是知识的占有者、传递者，应成为学生学习的促进者。教师要帮助学生制订适当的学习目标，并确认达到目标的最佳途径，指导学生形成良好的学习习惯，掌握学习策略，发展认知能力；要创设丰富的教学情境，激发学生的学习动机，培养学生的学习兴趣，鼓励学生将自己掌握的各种知识、实践经验带到课堂中，鼓励学生自主学习，使学生能够自己去实验、观察、探究、研讨，使他们全身心地投入到学习活动之中，在快乐的课堂氛围中学习，掌握新知识。在教学中，教师要当好组织者和引导者，帮助学生独立自主地使用教材，教师不再局限于知识点的微观课程结构之中，而是致力于成为设计教学情境和组织教学资源的服务者。

第三，小学教师应是学生学习能力的培养者。首先，教师作为知识传授者的传统地位被动摇了。现代科学知识量多且发展快，教师要在短短几年的学校教育时间里把所教学科的全部知识传授给学生是不可能的事情，而且也没有这个必要。其次，教师作为学生唯一知识源的地位有所改变。学生获得知识信息的渠道多样化了，教师在传授知识方面的职能也变得复杂化了，教师要传授教科书上的知识，还要指导学生获取他们所需要的知识，掌握获取知识的工具，并且学会如何根据认识的需要去处理各种信息。总而言之，教师再也不能把知识传授作为自己的主要任务和目的，要把主要精力放在检查学生对知识的掌握程度上，应成为学生学习的激发者、辅导者，各种能力和积极个性的培养者，把教学的重心放在如何促进学生的"学"上，从而真正实现"教是为了不教"。

第四，小学教师应是教育教学的研究者。在小学教师的职业生涯中，传统的教学活动和研究活动是彼此分离的。教师的任务只是教学，研究被认为是专家们的特有权利。教师不仅鲜有从事教学研究的机会，而且即使有机会参与，也只能处于辅助的地位，如配合专家、学者进行实验。这种做法存在明显的弊端：一方面，专家、学者的研究课题及其研究成果并不一定为教学实际所需要，也并不一定能转化为实践上的创新；另一方面，教师的教学如果没有一定的理论指导，没有以研究为依托的提高和深化，就容易固守旧经验，照搬传统方法，这种教学对教师的发展和教学方法的发展是极其不利的，它不能适应新课程的要求。新课程所蕴含的新理念、新方法以及新课程实施过程中所出现和遇到的各种各样的新问题，都是难以靠过去的经验和理论解决的。教师不能被动地等待着别人把研究成果送上门来，再不假思索地把这些成果应用到教学中去。教师自己就应该是一个研究者，对自身的行为进行反思，对出现的问题进行探究，对积累的经验进行总结，使其形成规律性的认识。可见，把教育学生与研究有机地融为一体，是教师自身能力持续发展的基础，是提高教学水平的关键，是创造性地实施新课程的保证。

二、使小学教师增强职业角色意识的方法

（一）形成新型的教师教育观念

教师应对自身所处的角色地位有充分的理解。传统的教师教育观强调知识的传递性、教师的权威性，因此，教师往往将自己的角色定位为"主宰者"。在教育教学的过程中，教师常忽视与学生之间的合作关系，忽视学生的主体意识，忽视教与学过程中知识的创造性。新型的教师教育观在教师角色的定位上，强调教师既是知识的输出者，又是学生自主学习的引导者和学习方法的给予者，还是保持终身学习状态的学习者。传统的教师教育观强调

社会对教师的高要求,而新型的教师教育观不但强调教师的社会责任,也关注教师的生活质量和生命价值。只有帮助小学教师形成新型的教育观,才能使其对自身的角色地位有清楚的认识,才能使他们在不同的教育场合找准自己的角色地位,体现出角色的应有价值,以此增强教师的自我效能感,从而激活教师对角色扮演的情感欲望。

(二)掌握小学教师角色的规范与行为模式

想要确扮演好小学教师职业角色,只有在了解角色规范的基本要求之后,才能够实现。因此,我们必须让每位小学教师对自己所扮演的角色的规范和行为模式有清楚的了解,并能依此履行角色的职责。新时期的小学教师应承担的一个重要角色,就是要成为学生学习的引导者。例如,申继亮在《新世纪教师角色重塑》一书中进行了如下概括:教师利用自己已有的知识经验和能力方面的优势,帮助学生在学习过程中保持明确的目标和方向;尊重学生的主体地位,多给学生自主独立活动的机会和空间,使学生在学习中经常处于主动探索的状态;激发学生的学习兴趣,鼓励学生的好奇心和创造精神,使学生敢于提问题,勇于解决问题;训练学生养成良好的学习习惯,掌握科学的学习方法,指导学生主动锻炼自己的各种能力;培养学生的自学能力,包括独立阅读的能力,做读书笔记的能力,使用工具书的能力,根据学习要求收集、分析、选择和使用信息的能力,对学习的自我评价和修正的能力等。教师在教学中还要注重学生的小组合作学习和学生学习方面的个体差异。教师只有努力依此规范去做,才有可能准确地扮演角色,完成角色的任务。

(三)培养小学教师职业角色的实践能力

强化教师的角色意识,还有一点是不容忽视的,就是要培养小学教师对自身角色行为及其结果的认识、判断与情感体验的反思能力。这种反思能力应表现为教师能实事求是地评价自己,对自己扮演角色所需要的知识、能力有清楚的认知,对自身的长处和短处,优势和劣势,能否驾驭所扮角色,有客观的评价,对自己在扮演教师角色的实践中出现的困难和问题能及时予以分析，寻找原因，调整自己的行为以适应教师角色的需要。只有这样，才能在扮演教师角色的过程中不断地学习，积累经验，总结教训；才能不断提高对教师角色的领悟水平和教师角色的实践能力；才能不断调整角色的行为，缩小与角色的差距，提高教师自身对角色的适应能力，从而扮演好新时期教师角色。

综上所述，小学教师职业角色意识三个方面的结构是密切联系在一起的，教师对自身角色的定位、对角色行为规范的认识影响其角色扮演的体验。反过来，教师对角色扮演的认识与体验也影响教师自身的角色定位，影响教师对角色行为规范的理解。强化教师角色意识，就是在这三个方面都要给予关注。教师只有形成了较强的角色意识，才能注重自身专业素质的提升，才能不断地完善自己，实施更积极、适宜的教育行为，才能自觉调整与小学生的交往方式及互动行为，从而促进教师自身的发展，最终促进儿童的健康成长与发展。

第二节　小学教师专业能力要求与训练目标

一、对小学教师专业能力的要求

随着教师专业化进程的发展，小学教育对教师专业能力的要求愈来愈高，而作为职场中的教师，其专业能力的发展也是无止境的。学校是教师职业生活的主要场所，教师通过职业活动提高自身的专业能力是其职业生活的有机组成部分。从本质上来看，教师专业发展是教师不断接受新知识、增强专业能力的过程。教师要成为一个成熟的专业人员，需要通过不断地学习与探究来拓展其专业内涵，提高专业水平，从而达到专业成熟的境界。小学教师的专业发展，不仅关乎教师个体会成长为一个怎样的教师，而且关系到每一个学生的切身利益，关系到我国初等教育的整体质量与效果。

学校是教师进行教育教学工作实践的场所，也是收获名师和教育专家的土壤。与专业知识和专业情感相比，教师专业能力的发展在学校场景中能够更好地实现，将教师专业能力发展与其实际工作相结合，有效利用学校平台促进教师专业能力的发展，具有现实意义。不同地域的学校，由于受经济、文化、历史传统以及行政决策等因素的影响，其教师专业能力发展的水平也有所不同。

（一）小学教师的专业发展

教师发展是指教师专业的成长。教师的专业发展是通过系统的学习来改变教师的专业实践、信念，以及对学校和学生的理解。教师专业发展是一个终身和持续的过程，在这个过程中，教师通过充分发挥自主意识进行反思与积极实践，通过学校、社会等外部因素的支持来提高专业水平，使自己的知识、技能与情感得到发展，道德与政治素养得到提升，逐渐达到较高的境界，能够有效履行职业责任，实现职业期望。教师专业发展是小学教师基于学校组织这个平台实现的专业发展。

1. 小学教师的专业性与专业特征

关于小学教师是不是专业人员的问题，国内外的研究者们进行了激烈的探讨和争论，结果对这一问题有三种理解，即"非专业""半专业"和"准专业"之说。虽然没有统一的专业概念和标准，但是到最后，他们普遍认可小学教师是具有较高层次和水平的专业人员这个观点。因为即使是小学教师，同样需要具有比普通人更加深刻与丰富的一般性知识和相关学科知识，需要掌握普通人不必系统掌握的教育教学知识、技能和规律。

小学教师由于服务对象的特殊性，与中学和大学教师相比，具有不同的专业特征。小学生的独立自主性相对较差，自我意识发展水平不高，对教师有较强的依赖性，这对教师专业素养提出了较高的要求。小学阶段，学生的思维发展以具体形象思维为主，因此，教师在教学技能和技巧方面需要注意教学的组织形式、教学工具的使用，甚至注意讲课时的表情等。小学生的发展具有潜在性和多种可能性，因此，小学教师需要树立"所有学生都能成才"的观念。同时，小学生的自律性和自我控制能力都较差，因此，小学教师在班级管理方面需要有更强的能力,这不仅仅是班主任的责任,而且也是每个学科教师的共同责任。

2. 小学教师专业发展的重要途径

从传统上看,我国小学教师专业发展的途径有组织教师进行教学观摩、开展教学研讨会、成立教研组集体备课等。随着教育的发展,参与教育科学研究也成为促进教师专业发展的重要途径。近年来,由学校组织的各种形式的培训班或者专家讲座,以及校外组织的各种培训,也促进了小学教师的专业发展。当前,国内小学教师专业发展的途径主要包括四类:①以教研组为单位,通过教研组研讨、教研组听说评课、教研组教案研讨、教研组集体备课等途径促进小学教师专业发展;②以学校为平台,小学教师在校内通过学校组织的讲座、全校研讨、全校听说评课、全校教学比赛等实现专业发展;③以学校为平台,小学教师通过外出培训、区市教学比赛、校外教师示范、校外教学观摩和他校挂职任教等实现专业发展;④小学教师通过教师读书会、教师演讲会、网络研修、教育科研、师徒结对、撰写教育论文等途径实现自主发展。

(二)小学教师的专业能力

1. 影响小学教师专业能力发展的因素

影响小学教师专业能力发展的因素主要包括三个方面:一是学校对教师专业能力发展的支持程度不同;二是教师已有专业能力的基础不同;三是教师职业情感和发展动力不同。

(1)学校对教师专业能力发展的支持程度不同。促进教师专业能力发展的主要因素是学校环境,学校在促进教师专业能力发展上的管理水平较高,并采取了具体的行为方式促进教师专业能力的发展。

大城市的小学在物质、行为和制度等方面对教师专业能力的支持程度都高于小城市的小学。例如,直辖市某重点小学在一年中承办了10场高层次的"国培计划";邀请了课程标准制定专家、学科教学专家等来校举办讲座;学校与大学和研究机构合作,做了8次课题研究报告;学校经常举办教师读书会；建立了教师课题研究制度和三级教研制度，且该校作为中心校，是三级教研活动的承办方。在所有的这些活动中，学校教师都能够参与进来，这对教师专业能力的提高具有非常大的促进作用。而三线城市的普通小学，主要通过举行教师教学评比活动、组织教师参加校内外教学示范与观摩、提供外出学习与培训机会等方式促进教师专业能力发展，这在一定程度上起到了促进作用，但是这些活动的层次水平、举办次数、参与人数与参与程度、活动的效果等方面都比不上大城市的小学。大城市的小学比小城市的小学具有更优越的条件和资源，从这些具体的差异中可以看出，两地小学在对教师专业能力发展的支持程度上有所不同，从而影响到两地教师专业能力的发展水平。

（2）教师已有专业能力的基础不同。教师专业发展包括教师专业知识、专业能力、专业情意的发展，而且三者之间互相影响、互相促进，是不可分割的整体。教师专业能力发展水平的差异，与教师已有专业知识和技能的基础有密切联系。教师专业发展是一个长期的过程，不仅包括教师在从业过程中的发展，还包括作为一个受过正规学校系统教育的个体——教师已经具有的相应的自然科学和人文社会科学知识、相应的艺术欣赏与表现知识和适应教育内容、教学手段和方法的现代化信息技术知识，同时对中国教育的基本情况也有大致了解。教师入职前在师范院校接受专业教育，在准备教师资格考试过程中进行的各项专业知识的巩固与提高也是教师专业知识发展过程中的内容，在这些过程中，教师获取了从业所必备的学科专业知识、教育教学理论知识和关于学生发展的理论知识。教师职前既有的专业知识在其进入正式教师队伍后，在其任职学校的环境中有了量的扩张。

例如，通过对天津市某小学学校管理活动的观察和对教师的访谈了解到，学校为了达到资源的优化和效益的最大化，经常组织教师进行种类多样的教研活动，包括组织教师进行集体备课、说评课、上公开课等，还会组织教师参与区级教研、校际交流等活动，从而使教师专业知识有了量的扩张。在学校组织的这些活动中，教师个体职前既有的专业知识就会不断地在公众面前显现出来，在学校这个平台上实现流动与共享，从而使之前处于杂乱无序状态下的教师知识逐渐走向有序化，逐步成为教师群体的共识。学校为了使教师专业知识更好地得到保存和传递，还会及时把教师知识显现出来的成果等集结成册，甚至公开出版，供教师之间传阅和学习，包括教学课例、教育研究论文和课题报告等。

（3）教师职业情感和发展动力不同。学校是教师与学生在情感、理智等方面交流对话的场所，教师自身情意的展现与流露也影响着学生情感的发展，对其具有示范作用，言传身教的力量是巨大且久远的。有研究者指出，教师情感上的支持能够增强学生的学业成就感与自主性。作为职场中的个体，教师要与课堂内外的人、事、物交往，必定会涉及情感。

2. 促进小学教师专业能力发展的建议

新一轮基础教育课程改革和教师教育改革对教师专业能力提出了更高的新要求，义务教育的优质均衡发展不仅对学生的全面和谐发展提出了新要求，也对教师群体的专业发展提出了新的期望。教师教育改革已经进入均衡发展、能力为重的时代。学校作为教师的专业生活环境，教师总会不自觉地受到学校文化的浸润，学校会潜移默化地把它的教育教学信念、态度、传统习惯和办事方式渗透到教师的身心中。

（1）立足学校内部，促进小学教师专业能力发展。

1）开展小学特色活动。人具有丰富的素质与潜能，而这些品质在一般情况下往往处于潜伏状态，只有当具备一定的外部环境条件和教育条件时才能得到开发。在现实的学校教育环境中，有一些因素能够有利于人的某方面潜能得到相对充分的发展。学校开展特色活动可以扬长避短，为促进教师专业能力充分发展营造良好的氛围。

小学应经常组织丰富多彩的活动，贯彻落实"国培计划"，聘请小学不同学科领域的著名专家学者来校举办讲座或者上公开课，邀请宣讲团来校宣讲师德事迹等。教师们在活动中陶冶了情操，提高了自身专业发展意识，促进了教师专业能力的发展。此外，教师专业能力的发展是在充分依赖教师自身的发展意向和努力程度的基础上，借助学校等外部的力量才得以实现的。因此，教师自身的专业发展意识和努力程度对教师专业能力的发展具有决定性的影响。即使外部条件再优越，教师自身没有发展的意愿，其专业能力的发展也无从谈起。基于此，学校应该开展丰富多彩的特色活动，如邀请资深的老教师来学校举办讲座，参与到学校教师的日常工作中来，让教师们听老教师讲自己经历过的教育故事，使教师们从中获得精神上的感染和熏陶，提高对教师职业的热爱和追求，提高教师自我持续发展、终身发展的意识和能力。

2）完善小学教师专业发展制度。学校制度是一种强制性的力量，对学校组成人员的行为进行引导、规范和约束，通过权利与义务的关系来调整学校中人与人、人与学校、学校与校外社会关系的规则体系，最终形成学校制度所期望生成的校园文化。学校制度是一种基本力量，贯穿在建设学校特色过程的始终。学校制度有静态与动态之分，静态的学校制度表现为以文本形式存在的规章制度，动态的学校制度表现为制度从制定到废除一系列过程与相关主体对其的认知、情感、行为。无论是大城市的小学还是小城市的小学，"校本研修"都是学校应用最为广泛的教师专业发展制度，在促进教师专业能力发展上发挥了重要作用。但是随着这一制度的深入发展，在同一所学校内部，由于教师之间交流的深入，信息逐渐趋同，校本研修的持续发展效果受到影响。创新校本研修制度，开拓多方渠道，引入新的信息来源，建立新的信息交换共享和增值机制是完善教师专业发展制度的主要途径。

因此，学校应该积极与区级、市级甚至全国的小学建立深入合作机制，充分交流学校管理的经验，互通有无，共同研发，完善本校的教师专业发展制度。此外，学校还应建立健全教师个人成长追踪制度、听评课制度、多元评价制度、课题研究制度等，为教师专业能力发展提供充足的时间。有些大城市的学校并不缺少制度，甚至过于制度化导致制度泛滥，关键是要把具体的制度落实下去。制度化的前提是制度本身是公正合理的，能够执行并具有权威性。

（2）立足学校外部，促进小学教师专业能力发展。

1）形成"大学—小学"合作机制。专业发展学校成为教师教育的一种新型模式并发挥了重要作用，促进了在职教师的专业发展，提高了教师职前培养的质量，促进了大学与小学的深层合作。此外，大城市的小学基本上都与相应的师范类院校有合作项目，包括见习、实习、课题研究等，但是这些传统的合作项目在形式和内容上都已经无法适应专业发展学校的需要。要把小学当作理论研究和实践的基地，开发和挖掘教育资源，深化与大学的合作内容，拓展合作空间，大学教师要积极主动地研究本土化基础教育理论，坚持实践取向，树立服务意识，深入学校与区域教育中，寻求合作伙伴，成立合作小组，明确各方的职责与义务。此外，构建起地方教育行政管理部门、大学、小学三位一体的合作模式，充分发挥教育合力。"校本教研"是深入推进"大学—小学"合作，促进教师专业能力发展的切入点，校本教研要结合小学真实的教育教学情境，开展各种形式的创新活动，如教师论坛、同课异构、课程改革项目开发等，使学术文化与实践文化真正融合，促进理论研究工作者与教学实践一线工作者在互动中吸收各自的教育信念、教育理念、思维模式和行为方式。

地方教育行政管理部门要加强干预力度，学校要建章立制，在高校与小学之间搭起沟通的桥梁，并为培养教师专业能力发展的学校争取财政支持和资金保障。在高校专家与学者的支持和帮助下，学校通过建立专业性较强的学习网络、邀请高校专家来学校举办主题丰富的讲座、跟进支援等方式，来帮助教师提升专业能力。从一定程度上来说，这是帮助教师建立专业学习群体。教师有共同的学习目标，建构起了互相支持鼓励的群体文化，教师通过深入地探讨教育教学中遇到的问题来不断检讨自己的工作实践，从而提升自己的专业能力。

2）加强区域网络教研平台与现实的联系。目前，网络教研出现了与现实之间断层的现象，有些教师将虚拟的网络空间看作自己抒发个人理想，甚至是发泄不满的地方，引出的话题更多的是表达自己的观点，忽视了与其他教师的深入交流。小学应建立区级网络教研平台,其中可以有教师论坛、公开课共享、师德事迹报告、课题研究与报告、政策解读等板块,教师可以在其中自由地表达自己的教育教学观点,与其他教师交流心得体会,观摩优秀教师的公开课,参与课题研究的讨论等。区级网络教研平台是促进教师专业能力发展的重要方式,如果利用得当,把现实中遇到的教育教学问题适当地搬进网络世界,教师们在同一个平台上提出自己的问题、共享经验,对解决现实中的问题有很大帮助。因此,学校应该充分利用网络教研平台,鼓励网络场景下的教师交往应当以工作实践为基础,避免其脱离教育教学实际。同时,应建立从网络到现实的反哺机制。凝聚了广大教师智慧的教研平台。如果不回到教育教学工作实践中来,那么处于网络场景下的教师们又会身陷"闭门造车"的尴尬情境,很难向实践输送利于专业发展的新鲜血液。

(三)小学教师专业能力的培养要求

第一,小学教师的培养要利于社会精神文明建设。在知识经济时代,经济发展和社会文明进步需要有思想好、素质高的人才作支撑,而教师对年轻一代的思想道德水准和科学文化水平的高低起着至关重要的作用,以"卓越教师"为主体和核心构成的优质教育资源从根本上影响和决定着我国年轻一代的综合素质。所以,只有培养出卓越的教师,才能真正培养出一流人才,社会精神文明建设中的思想道德建设和科教文化建设的目标才能真正落到实处。

第二,小学教师的培养要利于真正有效地开展素质教育。加强对学生进行综合素质教育,必须先对教师提出"卓越素质"的要求。因此,培养"卓越教师"是实施素质教育的必然要求,也是提高教育质量和素质教育能否有效开展的关键。其次,"卓越教师"的培养有利于打造高素质的教师队伍。当前,我国教师队伍中具有领军人物性质的"卓越教师"还比较少,"卓越教师"的理念还没有真正深入到每一个教师的思想和实际工作中。因此,把培养"卓越教师"的过程塑造成打造高素质的教师队伍、有效实施我国人才发展战略的过程十分重要。

第三，小学教师的培养要利于高等师范院校大学生综合素质的培养。"卓越教师"培养计划的提出对高等师范院校教师的教育工作提出了更高的要求。实践证明，"卓越教师"的培养目标和能力素质要求对学生的才能塑造有直接的影响，而且这种影响一旦对学生产生积极的作用，就会对学生起到长久的导向作用乃至影响其终身。面对师范生这样一个即将走上社会的"准教师"人群，尽管"卓越教师"的目标离他们还比较远，然而，只有在大学期间向他们传授科学文化知识技能的同时，倾注更大的精力为他们树立"卓越教师"的目标以引导，他们将来才能更好地承担社会赋予的责任，他们成为"卓越教师"的进程才会进一步加快。

二、小学教师专业能力训练目标

随着基础教育改革发展以及教师标准的研究，人们对教师教育提出了新的要求，呼唤培养出越来越多的卓越教师。我国本科层次小学教师培养始于20世纪末，纳入高等教育体系的小学教师教育，经过多年的探索，取得了丰硕成果。作为本科层次的小学教育专业，是高等教育中以小学教师职业导向为基础的综合性教育专业。小学教育对象的特殊性和任务的复杂性，也决定了小学教师培养目标的定位和素质要求，卓越的小学教师应具有鲜明的教师职业情感与倾向性，有扎实的教育理论与职业技能，有深厚的学科基础，有执教学科的专长。

随着小学入学人数的减少、小班化教学的实施，一名教师应能担任多学科的教学，同时，小学课程的综合化也要求小学教师具有复合的知识结构和多方面的素质。为此，我们确立卓越小学教师培养的指导思想是：立足基础教育实际与改革发展趋势，发挥综合性大学多学科、强学科和跨学科的资源优势，以推动教师教育创新为基本理念，以提升小学教师职前教育的综合素质为根本宗旨。在深入研究的基础上，我们制订了以下小学教育专业卓越教师的训练目标：

第一，具有积极、明确的专业情感和态度，并能自觉、有效地融于小学教育教学过程中。

第二，具备基本的人文和自然科学知识以及多元文化的全球视野。

第三，掌握小学多学科的专业知识，以及学科教学的特殊方法和技能，掌握教育教学的普遍知识和技能，能胜任小学多学科教学并在某一学科方向上有所专长。

第四，创造适合不同学生学习的有效教学环境而实施个性化教学，具有对教育教学实践的反思能力、教育科研能力、专业上可持续发展能力以及不断创新的能力。

第三节　新时期教师专业化发展与成长规律

一、新时期教师专业化发展

（一）教师专业化的认知

"化"，《辞海》中表述为"表示转变成某种性质或状态"，这里包含过程和性质的含义。关于专业化也有两层含义：一是指一个普通职业群体逐渐符合专业标准，成为专门职业并获得相应的专业地位的过程；二是指一个职业群体的专业性质和发展状态处于怎样的情况和水平。目前，教育理论界对专业化所持的普遍观点是：教师专业化是指教师个体专业水平提高的过程以及教师群体为获得教师职业的专业地位而进行努力的过程，前者是指教师个体专业化，后者是指教师职业专业化。教师个体专业化与教师职业专业化共同构成了教师专业化。

教师专业化有以下含义：①教师的专业性中包含了学科和教育，教师必须达到国家要求的学历才能任职，同时也要具备相应的职业道德、教育能力和知识；②国家设有专门的教育措施、机构和内容服务于教师教育；③国家制定了相关的制度来管理和认证教师的资格和教育机构；④教师专业需要实现可持续发展，教师专业化也是如此，这个过程是需要进一步深化的，从本质上来看，教师专业化对教师的要求就是不断成长和进步的。

教师专业化在当前有了进一步的发展，人们也由此转变了研究视角，从原本的群体专业化逐渐向着个体教师专业化转变，重点突出"教师专业发展"所具备的意义。但从广义的层面上看，"教师专业化"与"教师专业发展"都代表着教师专业性不断提高的过程，二者在概念上是基本一致的。

1. 教师专业化的标准

要将职业发展成专业，就要做到以下方面：

（1）运用专门的知识与技能：指的是专业人员所依靠这套专门的知识和技能体系是完整的，也被称为专业知能。

（2）强调服务的理念和职业伦理：指的是专业道德包含了服务和奉献。这是一个大家都应当遵循的伦理标准，专业道德是指对自我行为进行约束，保证自己可以承担责任、具备职业操守、满足社会需求。

（3）经过长期的培养与训练：只有经过长期的专业训练，不断养成，才能成为一个成熟的专业。

（4）不断地学习与进修：专业的职业生涯往往要持续几十年，而社会的不断发展常常会给专业带来全新的挑战，只有经常学习进修，才能保证专业知识和能力紧跟时代的浪潮，才能与社会发展接轨。

（5）享有有效的专业自治：当一个专业有了一定的社会地位，其专长与社会需求重叠时，说明它已经构建出了极其复杂且专业化的科学知识体系，外行人员是无法承担与专业人员相同的工作的，这时就形成了专业自治，这些专业人员所从事的行业，其相应培训标准可以由他们来制定，并且从一定程度上影响国家对这一职业的规范与法律。

（6）形成坚强的专业团体：一种工作若是已经有了庞大的专业团体，就说明它已经很专业了。例如一些协会、学会等由专业成员发起的需要一定入会资格的民间组织，这些专业团体都是由专业人员组建而成的，他们会进行自我管理，并且认可个人成就。一方面，可以确立专业地位，实现个人利益的维护；另一方面，可以制定相关的规定与章程，保障人员的权利与义务，让个人和团体不断提高责任感，共同维护大家的利益。

2. 教师专业化的意义

在当前这个知识经济大爆炸的社会，教师的发展随着不断改革的教育有了更重大的意义。知识经济的基础是知识，静态的知识已经不能满足人类在当前的经济生活，所以要及时更新知识。创造性是人类与生俱来的，从当下的教育发展中可以看出，教师早就成为教育的实践者、研究者、思想者和创新者，而不再只作为教育的执行者。

（1）教育改革的原动力。所有教育改革方案的最终落脚点都是教育活动。教师是作为组织者出现在教育活动中的，改革是否成功会受到教师素质这个因素的影响。教师在实施改革方案的过程中，其具备的创新精神、思想观念、能力素质、自身的态度以及对改革的理解程度不仅会让教师有选择性，还会让教师有主观能动性，这表明教师的能力素质和教育改革有着一定的联系。当教育改革是自上而下进行时，其动力基本都是政府出台的政策和命令，其中并不涉及教师的专业发展和能力素质，所以，在实践中就很难得到教师的支持，导致改革无法进行。而教师的专业发展才应该是教育改革的动力来源，这才是充满生命力的，持续不断的专业发展会让教师具有变革意识，同时提高相应的创新能力，而且会为了改革做出一定的奉献。

我国当下所进行的基础教育新课程改革正处于实质性阶段，但目前仍有很多小学教师没有适应这次改革。造成这种现象的原因有很多，但最关键的一个原因就是教师对于课程改革所发挥出的作用没有得到人们的重视。有些地区并没有按照新课程改革的要求进行，忽视了教师的参与度，只注重新课程的推行，并没有及时为教师开展相应的培训，或者只是做做表面工作。这让新课程的推行只能原地踏步。因此，要马上从误区中走出来，要意识到教育改革的动力来源于教师的发展，并且应及时、全面地对教师进行新课程的相关培训，以此来实现新课程的改革。

（2）教师自身幸福的源泉。教师这份职业是很有幸福感的。这份幸福感是教师能够从教育工作中体验到幸福，然后在不断的努力奋斗之后达到自己的职业目标，通过自身的不断发展能使其产生愉悦感和满足感。教师的幸福既和自身的生活质量息息相关，还关系到了教师能否提升教育质量、能否从教书匠逐渐成长为教育家、能否顺利推进教育改革等。有不少方面都能够展现出教师的幸福感，例如学生的成才与成长，教师对学生的无限关怀，教师无怨无悔地投身于教育事业中；工作带给教师的满足感和成就感，以及教师的专业发展。教师能力的不断提升也是其幸福感的来源。教师在追求、向往和理解幸福感的过程中，都可以让主体能力得到发展。因此，教师的幸福感与教师发展是紧密相联的。

（3）学生发展的前提。从发展上来看，教师和学生是不可分割的。若是从教师的层面讲，学生发展可以有效地促进教师发展，因为学生发展为教师带来了不少的发展机会。而教师要好好把握住这些机会，实现教与学的共同进步。若是从学生的层面讲，学生的发展依赖于教师的发展。教师的悉心培养和耐心教导帮助学生实现了发展，学生的发展是不能脱离教师的发展的，否则就失去了发展的土壤。

（二）教师专业化的发展

1. 教师专业化发展的历程

教师专业化从教师成为专门职业时起已经有了300多年的历史。教师职业也在这段历史中实现了从无到有，并且渐渐地从"半专业"或"准专业"过渡到专业化。

（1）教师专业化的无意识期。教师这个职业就是因学校的出现而诞生的。之前由于落后的社会生产力和不发达的经济水平导致教育得不到发展，因此教师职业没能成为主业，而是作为副业存在的。这一时期的教师都是兼职教师，这些人只是具备了一些知识和经验，并没有接受过专业的培训，就更不用说系统地学习教育教学理论了。到了文艺复兴时期，欧洲开始流行举办各种群众性学校。在这个大环境下，教育发展已经不能只依靠兼职教师了，由此便诞生了专职教师。

（2）教师专业化的准备期。在出现专职教师之后，就要将针对教师的职业培训提上日程。于是不少国家为了培养出符合教育教学要求的教师，成立了专门的师范学校。

第一所师资培训学校诞生于1681年，其创办者是法国的神甫拉萨尔。教师养成所则是德国于1695年在哈雷创立的。到了18世纪中下叶，有部分资本主义国家开始推行初等义务教育，教育科学化运动不仅得到了教育实践界的支持，也得到了教育理论界的支持，开始构建出现代教学体系，教育理论实现了发展，这也推动了师范教育理论的进步。教师在这个大环境下逐渐脱离于其他行业，自成一派，也有了自己的特征。同时，师范学校开始陆续出现在欧美各个国家。德国于1765年创立了首个公立师范学校。法国于1795年在巴黎成立了师范学校。俄国政府于1779年成立了莫斯科大学附设师范学堂，随后独立师范学堂在1804年成立于彼得堡。师资培训体系开始逐渐正规化、系统化，这意味着实现了教师专业化，并且在学校教育中有了教学这门科学。

19世纪末，义务教育的年限被不少国家延长，教育阶段从初等延伸到了初中，这不仅意味着需要更多的教师，也对教师的专业素质和学历都提出了更高的要求。因此，原本由师范学校培养师资的单一培养模式已经不适用，师资的培养要由师范学院和综合大学一起完成。以往的师范学校制度也无法再跟上时代的脚步。

20世纪之后，一些发达国家的师范学校教育都从中等教育水平逐渐过渡到了高等教育，也由以往的师范学院的单一培养模式逐渐转变为综合大学的本科教育。另外，大学毕业之后的教师会继续接受相关课程培训，教师的教育体制也慢慢演变为教育学士、硕士和博士。在教师专业化的历史中，一个里程碑式的发展就是中等师范教育逐渐过渡到了高等师范教育，这标志着很多发达国家的教师教育都从低层次走向了高层次。

20世纪70年代之后，不少国家都认为教师职业应该是一门特别的专业，教师身份和类型也应该随之转变，由之前的实践者和技工型转变为职业者和职业型。

（3）教师专业化的发展期。教师的需求量到了20世纪60年代中期之后有了下降，这是因为人口出生率降低了。此外，公众开始质疑教育质量。因此，这时的重点就由教师的"量"的提升转变为教师"质"的提升，也由此开始重点关注教师素质，全世界都在为教师专业化开始努力。

应将教育工作视为专门职业。这种职业是一种要求教员具备经过严格而持续不断的研究，才能获得并维持专业知识及专门技能的公共业务；它要求对所辖学生的教育和福利具有个人的及共同的责任感。从宏观来看，教师专业化不仅意味着教师职业要形成其相对独立的培养体制，还要具备相应的职业条件，并且有配套的管理措施，其中主要包括职业道德、国家要求的学历标准以及相应的教育知识和能力等。从微观来看，用固定的模式将技能、知识传授给学生这种传统的教育教学方式只是教师教育工作的一部分，教师还要了解不同学生的特点，选择最适合学生的教育教学方式，让学生得到真正的发展，从而实现既定的教育目标。

20世纪80年代以来，教师专业化已经成为一种强劲的思潮，具有不可逆转的发展趋势，显示出了强大的生命力，影响着世界各国教师教育的发展。当前，世界各国都把教师专业化看作是教师培训的出发点和归宿，是教师教育改革的核心，是当前世界教师教育所共同面临的一个重要问题。

2. 促进教师专业化发展的方式

各个国家为了实现专业化和一体化的教师教育，都采取了各种教育行政措施。要想让教师的职前培养充分结合职后进修，就要用大学化教师教育的方式来提升小学教师的整体素质。

（1）改革教师职前培养模式。

1）教师教育课程设置合理化。要提高教育专业类课程所占的比例，并在教师教育中强化教育专业课程所发挥的作用，让教育实践的机会和时间都得到增加，着重训练教师教育的相关技能，特别是一些需要依靠现代教育技术才能实现的技能。目前，不少发达国家都会将最新的科技和文化成果融入教师教育课程中，不断提升普通基础课所处的地位。教师职前培养的专业化就是从这些课程的设置中展现出来的。

2）教师教育开放化。教师职前培养模式已经由开放式代替了封闭式，非定向型代替了定向型，而且出现了三个演进阶段，即经验模仿——元封闭—多元开放，教师教育专业化也从"两级分离"慢慢过渡到了"三环合一"，会在职前进行培养、入职后进行教育和提高。很多国家进行了封闭型的高等师范教育体制的改革，小学师资培养中包含了师范院校、综合性大学、教育学院、非师范类院校，让教师教育体制变得更加开放和多元化，也让教师的培养方式越来越专业化。在开放式的教师教育代替了原有的封闭式教师教育之后，师资培养不再只由师范院校进行，综合性大学也参与了师资培养。

（2）改革教师进修制度。

1）广开进修渠道。日本的教师进修工作既有各级高等院校参与，也有民间教育社团，这些社团多达500个，全国性和地方性的都有。英国的教师在职进修工作由全部的教育研究所和高等教育机构负责。

2）进修目标多元化。英国主要有下列五种教师进修课程：①补习课程，主要为那些学历不达标的教师开设；②高级研修文凭课程，主要为那些教龄在3~5年的合格教师；③教育学士学位课程，主要为那些毕业于师范院校的中小学教师开设；④教育硕士学位课程，主要为中小学教师开设；⑤短期课程，主要针对那些遇到教育教学实际问题的教师开设。

3）进修方式多元化，要有充满弹性的进修计划。进修可分为两种，即正规和非正规。首先，进修教师要从自身实际出发，选择适合自己的进修方式。其次，不严格要求进修时间，在职进修、半脱产进修、脱产进修都是可以的，进修教师要依据自身情况进行选择。最后，提供丰富的进修方式，如面授、实验研究、小组研讨活动、函授、个人专题研究、教学方法示范交流、调查访问、考察观摩等。

4）教师教育大学化。20世纪90年代之后，西方发达国家特别是欧洲国家都开始追求教师教育大学化，这是教师教育专业化发展提出的条件，其根本就是要让教师教育成为大学教育学院中的一门专业。如果大学没有教育学院，那么在教师教育大学化的要求下就要建立教育学院；如果大学已经建立了教育学院，那么就要转变以往的制度功能，即保证教师教育制度实现多层次结构，有更多的项目。在高等教育中明确教师教育所处的地位，对教师学位赋予新的理念；既要让教育理论家与教师教育者，以及教育学院与文理学院之间矛盾得到解决，也要让教师教育大学化与教师教育研究，以及教师证书与执照之间关系得到正确处理。

由此可见，只有在高等教育中给予教师教育相应的学科地位，才能实现教师教育的大学，才能建立与教师教育相符合的学术制度。可以建立教师教育研究会，成立大学教师教育研究机构，建设教师教育课程，设立教师教育的学位制度，创立教师教育杂志，培养教师教育的硕士和博士人才，等等。

3. 教师专业化发展的模式

（1）教师专业化发展模式的建构内容。教师专业化发展是教师自身专业技术特征发展的基本要求，也是职业发展政策和教育管理制度相结合的产物。从理论和实践来看，我国学校教师专业化发展模式的建构主要包括以下七个方面：

1）促进教师构建博而精的学科知识。21世纪需要复合型人才，教师的知识结构直接影响教育教学质量，这就要求教师首先成为复合型人才。教师博而精的学科知识是教师的从教之本，是衡量教师队伍的专业化发展水平的重要指标，也是学校人才培养质量提升的关键性因素。因此，在学校的发展过程中必须注重理清思路，多想办法，通过逐步提高教师队伍的学科知识水平，促进其博而精的学科知识构建，进而提高教师的专业化发展水平。

2）促进教师树立与时俱进的现代化教学观念。现代化的教学观念是教师专业化发展的重要内容。在教学活动中，不仅要实现教学内容的理论化、课程结构的综合化，还要求教学方法的创新化、教学手段的多样化，这是摆在教师面前的重要课题。21世纪是信息化社会，以互联网技术为传播媒体的现代远程教育广泛普及，教师必须树立现代化教学观念，有效利用现代远程技术与方法，充分利用因特网丰富的信息资源，合理安排教学计划，选择并补充恰当的教学内容，适时更新教学观念。

3）加强教师专业发展能力的培养。教师的专业发展要求教师注重培养良好的专业发展意识，自觉承担专业发展的责任。从具体过程来看，要加强教师自我专业发展能力，就要激励教师保持自身知识结构的不断更新，促进教师通过一系列的活动，包括教师的自我反思以及专业发展方向调控等，使教师有不断加强专业发展的内在动力，提升教师的专业发展能力。教育管理部门和学校也要采取有效措施来加强教师专业发展能力的培养，不断丰富教师自我专业发展的思路与途径，进一步推动广大教师加强教学实践能力，使教师对其专业发展所存在的问题进行反思，提升专业化发展水平。

4）形成教师学习和反思的策略。学习和反思策略的形成，需要教师在日常的教学活动中注重思考，更需要教师在实践中加强教育教学技能的自我学习。优化学习方式可以通过在教学过程中开展教学交流、听课学习等活动，促进教师们取长补短；教师要进行反思并积极探索、解决教育实践中的一系列问题，辩证地获取和创新策略，不断改进自己的教育教学方法。经验学习也是提升教师专业化能力的一个重要方面。此外，教师应加强教育科研方面的学习，通过参与教育科研来实现自身专业化发展。

5）建立教师培训体系。教师培训是促进教师专业化发展的一种有效策略。通过培训体系的构建，能让教师充分了解教师专业实践知识和自身需求，发掘学校和教师的潜力，促进二者协调发展。当今世界各国政府都十分重视建立科学合理的教师培训体系，通过加强教师培训并促进其制度化和系列化，进而提高教师的专业素质，促进教师专业化的发展。学校教师培训体系建立的过程中，要注重形式的灵活性，例如，教师培训可以采取定期与不定期的培训方式，既有学历教育培训，也有非学历的培训；既有短期培训，也有长期进修；既有校内与校外相结合的培训，也注重国外的经验引进与联合培训。

6）严格实行教师资格制度，建立教师职业标准。完善教师专业化发展模式，还要注重建立科学的教师职业标准。例如，《中华人民共和国教师法》明确规定了学校教师聘用的基本条件，如思想道德要求、学历要求、教育教学能力要求等。其目的之一是从制度上抬高学校教师的准入门槛，严把教师准入关。教师资格制度只是教师入职的一个参考因素，在教育实践过程中还要考虑确立教师职业标准，使教师的考核评估工作切实做到科学、合理、准确，同时注重公开、公平、公正的原则，为全面推行真正意义上的教师专业化发展提供可靠的依据。

7）完善促进教师专业化发展的法律法规。有力地推动教师向专业化发展，还需要有一定的法律法规作为行动指南，以法律法规来协调教育管理部门、学校以及教师等主体之间的关系。因此，在教师专业化发展体系的建设中，还必须适时地制定或修订与教师、教育、教学相关的政策法规、教师专业化发展制度与方法的法规，结合依法办学、依法治校来促进教师的专业化发展。

（2）我国学校教师专业化发展模式的构建策略。我国教师专业化发展模式是一个涉及多元化、多层面、多主体的重要问题，其构建策略主要包括以下三个方面：

1）加强制度创新，构建符合我国教师专业化发展的制度体系。

第一，加强管理制度建设。教师专业化发展是教师职业的专业技术特征与相关教育管理制度相结合的必然结果，要在政策和制度体系建设上花大力气，为学校教师专业化发展奠定科学基础。教师专业化发展的制度体系建设应该围绕教师专业化发展的多个维度，包括教师任用、教师培养、教师继续教育等方面来展开。

第二，完善和改进学校教师聘用制度。在教师聘用方面，既要落实贯彻国家关于教师聘用的相关法规制度，也要注重教师聘用制与激励机制的有效结合，还要注重引进优胜劣汰的激励竞争机制，以适应经济社会发展对教育改革的根本要求。在教师聘用制度方面，要建立严格的教师考核评估制度，以便对教师的教育教学水平和已具有的专业技能有更为全面的了解，最终通过完善和改进学校教师聘用制度，促进教师考核评价的科学性和合理性。此外，教师聘用制度必须要坚持公开、公平、公正的原则，切实为学校的发展选拔可靠的参与力量。

第三，加强和完善教师的继续教育和进修制度。教师专业化发展要求加强教师的继续教育，完善进修制度，包括适时地制定或修订关于学校教师继续教育的政策法规，依法促进学校教师不断提升继续教育能力，以使教师的日常教学工作水平不断提升。近年来，很多地区建立起了教师继续教育及进修制度，如教师暑期提高班、师范大学举办教师技能培训、相关组织举办的教师各种进修和学术会议等，这对学校教师的继续教育能力的提升起到了较大的促进作用，需要进一步保持并积极探索更多的途径。

第四，加大理论与制度创新力度，有力促进教师专业化发展制度体系的构建。一是要加强教师专业化的理论创新。理论创新是制度创新的前提。理论创新必须致力于提升我国教育实践创新经验，并切实指导我国教师专业化发展实践。二是要加强制度经验借鉴与应用创新。可以借鉴发达国家教师专业化发展的一些制度化经验，例如，国外有教师专业化自主发展管理制度、教师专业化发展机构认证制度、教师专业化课程认可制度等。有必要将国外这些有关教师专业化的发展制度加以甄别，并与我国学校教育发展的实际情况相结合，注重合理引进。

2）落实学校主体责任，构建多元化和开放式的教师教育体系。制度体系是学校教师专业化发展的外在条件，而制度能否得到有效执行，需要学校进一步落实主体责任，构建多元化、开放式的教师教育体系。具体而言，要注重以下方面。

第一，落实学校的主体责任。学校在改革发展进程中，从学校领导到一般教职工，都要明确学校的主体责任，以及教师专业化发展的重要作用，并积极投身于教师专业化发展相关工作。

第二，推进适合教师专业化发展的学校文化建设。学校文化的一个成熟表现是教师群体拥有一种共同的教育理念，包括先进的教育观、学生观和教育活动观。学校文化在很大程度上影响着教师的思想发展，制约其教育教学行为，也影响到教师的专业化发展。构建适合教师专业化发展的文化环境，可以让教师走出孤立、超越纯粹的个人反思，获得组织认同和专业发展的选择性提升。

第三，确保多元化评价。受到利益主体多元化的影响，学校教师的专业化发展评价也不能采用单一主体模式，应该综合考虑多元利益主体的参与作用，从多主体立场上展开评价，并进行综合评定。通过多元化评价，能体现对教师专业化发展的人文关怀，更能体现评价的科学性和发展性。

第四，建立恰当的沟通机制。要加强沟通机制的建立，进一步围绕人才培养需要而建立和完善的信息反馈渠道，通过畅通的信息渠道，适时跟踪教学质量信息，了解教师专业化发展状况，形成外部检查与内部反馈以及教师自我反思相结合的沟通机制。建立沟通机制的目的，也是致力于每所学校都能够帮助教师在其教育生活过程中通过沟通和商谈，寻求理解，形成互助与合作关系，促进学校与教师之间、教师与教师之间以及师生之间的相互理解，最终实现教育的功能，促进学校内涵发展。

3）培养教师自主发展意识，加强教师专业化发展的内在动力。

第一，教师的自主发展意识对教师专业化发展起着重要作用。教师自主专业发展意识是教师在教学活动过程中所应该具备的基本认识之一，是促进教师专业化发展的重要推动力。教师自主发展意识能使教师对过去的发展过程进行必要的反思，并对目前的专业化发展水平进行自我评估，同时促进教师对以后可能达到的专业化发展水平进行展望。从具体内容来看，教师的专业发展意识的含义比较宽泛，但可以归纳为以下三点：一是教师对专业化发展所经历过程的认知；二是教师对自身专业发展状态与水平的认识；三是教师对自己未来专业化发展规划的认识。

第二，培养教师自主发展意识，促使教师对专业化发展的实践进行反思。教师自主发展意识能促进教师对教学实践活动进行反思，在很大程度上决定了教师专业化成长与发展的水平。通过专业化发展实践，促进教师对教学活动和教学过程的思考，强化教学决策和教学参与行为，并对教育活动行为进行有效的审视分析。对专业化发展实践问题进行反思，也是一种教育实践活动，有助于形成一种开放的、和谐的、合作的学校教师反思文化，这对形成教师的专业化发展的文化氛围起着重要作用。此外，自主发展意识所强调的教育实践反思，不仅是促进教师专业化发展的手段，也是教师专业化发展目标所要求的重要内容，是教师实现专业化发展的必由之路。

二、新时期教师专业成长规律

从20世纪60年代始，教育界开始重点关注教师专业发展的阶段性特征，研究者分别从不同视角对教师专业发展的过程、阶段和其规律进行了研究，涌现出了许多教师专业发展的阶段理论。各种理论的核心都是教师在贯穿终身的专业发展过程中所经历的不同阶段及特点，其目的都是为了探索教师成长的规律，帮助教师更清楚地了解与应对不同阶段的特点与问题，做到有的放矢，以便顺利地解决每一阶段中出现的问题和新情况，实现自身更好更快的发展。

（一）教师专业成长的一般阶段

1. 职前阶段

职前阶段，即师范生的专业化阶段，是教师角色的储备期，这一时期的教师专业发展主要是教师专业素质的养成。

职前教师的专业发展主要是通过在教师教育院校的学习来完成的，教师教育院校是培养师资的正式机构。目前，世界高等教师培养机构的设置存在三种类型：①综合大学、文理学院等高等院校；②独立存在的师范院校；③独立的教师教育机构，综合大学与文理大学。我国教师教育机构以独立设置的师范院校为主体，师范院校包括中等师范院校、师范专科学校、师范学院（师范大学）以及少数综合大学的教育学院。职前教育学历的不同决定了教师入职后培训的年限有所不同。

2. 入门阶段

入门阶段指新教师从受聘上岗到转正前这一段时期所接受的指导和训练。这是新教师的过渡阶段，是体验、培养其责任感和使命感，使其更快进入学校文化系统扮演职业角色的重要环节。

初任教师的入职阶段在教师整个专业发展过程中的地位非常重要。具体表现为：①初任教师在入职阶段的发展直接影响着他们是否会继续留在教师岗位；②初任教师在入职阶段的发展影响着他们未来将会成为怎样的教师；③入职期是初任教师步入成熟期的起始阶段。因此，重视入门阶段的教师教育对于教师专业成长具有重要的意义。

3. 胜任阶段

许多教师在感受到教学经验积累的充实和实践成功的喜悦后，都能够胜任教师，但也有一些教师无法达到这个水平。通常而言，教师大多工作三四年就可以胜任，主要原因有以下几点：①他们能在课前对教学内容进行有意识的选择，了解教学难点和重点，对教学计划和课堂中的教学方式有制定能力；②这些教师在授课时能够使学生能轻松地掌握重点和难点，对课堂上的小学生听课的实际情况，也能够很好地分析，对课堂教学情况加以掌握；③他们会不断反思自己来更好地掌握课堂。这样教师就能够以更高的责任感和热情投入到教学中，教学效果也会有所提升。

4. 熟练阶段

一般而言，教师在工作五年后会达到相对熟练的教学水平。这时，对他们的教学效果起主要作用的是教师的直觉。他们已经能通过直觉感受教学情境，教学经验十分丰富，所以对相似性较高的教学情境也能够很好地掌握，并加以判断分析，预测新的教学情境。而且他们预测的准确性和明晰性也在经验的积累中不断提高。

5. 专家阶段

教师发展到最高级的阶段即进入到专家阶段。许多教师都能进入熟练阶段，但很少有人发展到专家阶段。这个阶段的教师能够通过直觉把握教学，并能灵活地运用多种教学方法。此外，他们还能够对年轻教师加以指导和鼓励，引领年轻的教师成长。

（二）教师专业成长的影响因素

对影响教师专业成长的众多因素的正确认识和对其专业发展基本策略的积极探究和促进，能够很好地促进教师的专业成长。

教师专业成长这项工程是系统而复杂的，这项工程的结果受内外因共同作用的影响。学校、家庭和社会这样的客观因素和教师的主观因素都会影响教师的专业成长，而主观因素是关键性因素。只有处理好内外部各个因素的关系，才能促进教师的良性成长。

1. 自身因素

教师本身决定着他们的专业成长。所以教师自身专业成长的内在因素是教师本人的结构特征。此外，对教师专业发展影响的因素还包括个体因素，这是最根本、直接且主要的因素。在一定程度上，教师自身决定着他们的专业成长，也是对他们专业发展的关键性影响因素。这些因素包括教育信念、知识结构、能力素养、从业动机与态度以及专业发展需求与意识等。

（1）教育信念。教育信念来源于教师对教育工作本质的理解，教育信念会对教师的教育行为加以指导，是一种精神追求和思想观念。在教师的专业结构中，教育信念处于最高地位，对教师专业结构中的其他要素起统筹作用。从本质上来看，教育训练指的是教师知识结构中的社会对教育要求的体现，也是教师对自己教学效果与能力的一种理性或感性的知觉。可见，它的形成是教师个体的人性观和教育教学理论素养互相作用的结果，主要在学生观、教师观和教学效能感上得以体现。教学效能感包括个人教学效能感和一般教育效能感，指的是教师主观判断自己对学生学习效果与活动的影响力，教学效能感的时代特征十分鲜明，能够对教师认识其教学工作意义产生直接影响，进而对他们的工作情感和情绪，乃至心理特征、行为倾向加以影响，对教师职业特点和地位作用的总体看法的根本观点就是教师观。教师看待自己的教育对象的方法是学生观。教师的人性观体现在其所持有的学生观和教师观中。积极的人性观有利于教师形成良好的学生观和教师观。目前，我国小学教师的积极人性观是将学习引导者、促进者、合作者作为教师所扮演的主要角色，并充满期望地看待学生的个性、品德、特长和智能等方面的发展。

（2）知识结构。使教师职业与其他职业的经验和理论系统产生差别的是专业知识。教师专业发展主要在于知识结构的深度、广度和创造性的方面。教师专业发展状态和水平受其知识拓展水平的影响。

除了被明确规范、科学实证基础深厚的显性知识之外，教师个体的知识结构还存在隐性知识，包括个人的、在某些背景中使用或产生但没有被明确表述的知识。除了个人的直觉、体验和洞察，隐性知识向显性知识的转化受个人分享和表达欲望的影响。要解决这一问题，可以使用探讨教育个案集体、开发校本课程、研究教师行动等方法和策略。

（3）能力素养。教师能力包括两个方面：专业特殊能力和智力。教师专业特殊能力包括两个层次：一是教学组织能力、语言表达能力、环境适应能力和课堂注意力分配能力等直接影响教师教学实践的特殊能力；二是有助于促使教师认识教学实践的教育科研能力。小学教师能否对自己日常教学活动进行独立、主动的思考观察，全面、准确地评估自己的现实条件与需求，并在此基础上有机结合探索和尝试，在很大程度上标志着他们的教育能力发展水平。因为出现了这个状态，说明教师本人对教学工作能完全胜任和适应。职业情感的健康与否，直接体现在教师的抱负水平和专业发展需求上，如价值感和满足感等。

（4）从业动机与态度。如果说个体从事某一职业活动的潜质受其所掌握的技能和知识的影响，那么个人是否愿意在这类活动中发挥潜力则受个人从业动机的影响。动机是为追求特定目标实现而促使人从事某种活动的意识。兴趣、需要、抱负和价值观念都是引起动机的内在条件；教师的工作兴趣能够使他们在教育活动中产生积极的意识。教育活动的整个过程都能激发教师的兴趣，兴趣的稳定能激发教师对职业的热爱。教师价值观念的作用则更加长久和广泛。理想是最高度的价值观念概括，教育理想会对教师的动机体系产生直接影响；教师的行动方向受其价值观念和兴趣的影响，达成目标的程度受抱负水准的影响。抱负水准是一种心理需求，是主体想要将工作做到某种标准的体现。他们会在超出预期的工作结果产生时感受到成功感。过去失败经验、社会期待、有影响力的人物、个人成就意识是制约抱负水准的四种固定因素。其中最重要的是教师个人成就意识的作用。

（5）专业发展需求与意识。专业发展需求与意识，指的是教师对专业标准和从业者要求的了解、对自己专业发展方向和目标的清晰认识和规划、对自己从事职业的专门职业性质的认同和对自己专业结构更新的主观能动性。教师专业发展需要和意识体现在规划未来专业发展、认识当前专业发展状态水平和过去专业的发展过程三个方面。专业发展需求与意识，从本质上来看，意味着教师不仅能对自己和外部世界的关系加以把握，还能够将自身发展当作实践来对自己的内部世界进行构建；是自我控制能力和独立自我意识形成的标志，代表着个体完全主宰自我发展。

在整个专业结构中，上述的教师专业发展结构也有各自的定位，教师的自我定位器是专业发展需求与意识，精神领袖是教师的教育信念，职业劳动管理器和个人组织者是从业动机与态度，专业发展的保障与基础是专业知识结构，专业发展的核心内涵是教师的能力素养。各大要素之间相辅相成，联系紧密，相互制约，且以动态变化的状态存在于教师专业发展的过程中，赋予教师专业结构以可变性和复杂性。

2. 外部因素

事物发展的依据是内因，条件是外因。也就是说，教师自身因素决定着他们的专业成长，但也不能忽视外部环境的影响。因为教师会在特定的社会环境中实现专业的发展。因此，十分有必要分析外部环境中的影响因素。社会因素、学校因素和家庭因素是外部环境因素的主要内容。

（1）社会因素。影响教师专业成长的社会环境因素包括社会认识和看待教育与教师的地位和价值的方法、社会经济文化发展水平、教育经济制度法规、学校教育和教育改革与发展对教师提出的要求等。可见，在经济发展水平良好，政府重视教育、社会尊重教育、改革推动教育等有利条件的作用下，教师的专业发展将会获得更大环境空间。

（2）学校因素。教师教育工作的场所主要是学校，这也是教师专业成长的主要场所。教师的专业发展在很大程度上受到学校人际环境、工作氛围、制度建设、自然环境和文化环境等的影响。教师专业成长水平直接受到学校的工作氛围、学校对教师的要求、学校是否明确提出教师的基本职责、学校是否帮助教师做目标规划等方面的影响。

（3）家庭因素。教师的专业成长也受到其家庭经济实力、支持度和文化背景等因素的影响。

（三）教师专业成长的途径探索

教师专业成长是指教师个体通过学习和实践，由不成熟教师逐渐成长为成熟教师的专业化发展过程。教师专业发展的空间是无限的，成熟是相对的，而发展是永恒的。有关教师专业发展阶段的理论研究表明：教师专业发展是一个复杂的、多层次的过程，教师在这个过程中，会经历不同的阶段。在不同的发展阶段，其发展的内涵是多层面、多领域的。一个教师由准教师—新教师—成熟教师乃至成为专家教师，需要长期的累积和实践锻炼。在教师专业成长过程中，如果我们能够遵循教师专业成长规律，引领小学教师的专业成长，这对于教师的专业成长来说，无疑具有重要的推动作用。

1. 新教师专业成长的途径

新教师指的是获得教师资格证并开始从事教学工作1~3年的教师，包括师范院校招录的新教师和非师范院校招录的新教师。新教师时期通常被称为"求生存"阶段，这一阶段是教师专业成长的关键期，它的突出的特点是"骤变与适应"。处于这一阶段的新教师要比其他教师面临着更多的困扰。休伯曼认为：开始任教的1~3年是教师处于极为关键的"求生和发展期"，在这三年期间，新教师由于缺少必备的教学经验，当面对困难时，不免会怀疑自己能否应对此挑战，不可避免地面临理论与教学现实的种种落差。

新教师的专业发展面临着各种挑战：熟悉教材、熟悉学生、熟悉同行、熟悉学校环境等；备课、上课、辅导、管理学生，适应所在学校的教育教学、教学改革等方面的环境。

新教师所面临的问题，总结起来有三点：一是课堂教学与班级管理的问题；二是处理人际关系方面的问题；三是对学校文化的适应。因此，在入门阶段，新教师专业化的目标和任务：一是学习和掌握教师规范和要求，尽快熟悉教材、教法；二是熟悉教育教学环境，尽快融入到学校中去，尽早成为所在学校的一分子；三是认真对待学校为新教师举办的各项培训活动，提高自身的教育教学能力，早日实现由"预备教师"到合格教师的转变。

对于教师的整个专业发展阶段而言，新教师的专业化在整个发展阶段是一个重要的时期，也是教师生涯发展最艰难的时期，有的学者称之为教师专业化阶段的生存期。因为这个时期的发展情况不仅关系到教师能否获得教学通行证，能否站稳讲台，成为合格的教师，而且所形成的教育理念和教学模式将极大地影响他们日后的专业发展。

相比较而言，新教师在整个成长过程中，其发展的优势是年富力强，可塑性大；精力旺盛，对未来的生活充满幻想；积极上进，好胜心强；生活简单，有更多的时间和精力投入到工作中去。其不足之处是缺少教育教学经验、教育教学能力不足，心理脆弱，易受打击。因此，这一阶段的新教师的专业发展对策有两个方面：一是教师的自我发展对策，二是学校方面的教师培训对策。

（1）新教师的自我发展策略。

1）新教师的自我心理发展。

第一，新教师对自己要面对的工作环境，有充分的心理准备，对可能遇到的困难充分的预想。对工作中可能出现的问题，有预设的解决方案。

第二，对教师工作的特点有正确的认识，例如，"教育工作是一件繁重、复杂的工作"，要尽力去做，但要做到尽善尽美，则需要时间和过程。教育工作要求教师有极大的耐心和毅力。

第三，对自己的评价要一分为二，学会给自己鼓劲，树立自信心是非常重要的。另外，还要正视自己的欠缺之处。

2）多听课，向同行学习。通过听课，既可以了解其他教师的教育教学方法，又可以通过比较来了解自己。因此，听同行的课，不仅可以向他人学习，而且还可以通过了解他人，对自己的教学情况做出正确的评价，这样有利于明确自己的发展水平。尤其是要多听老教师的课，虚心向老教师学习，并找到自身教学不足的有效对策。

（2）学校对新教师的入职教育。入职教育是指新教师从受聘上岗到转正前这一段时期所接受的指导和训练。因此，学校方面的入职教育对新教师的专业成长起着重要的作用。

1）加强对新教师特点与需求的系统研究。学校方面要对新教师的发展有合理的预估与期望，即教师的成熟需要的时间，需要的过程。要充分认识到新教师的发展优势，并有效地运用其优势，形成新教师内在的发展动力是非常重要的。

2）真正把新教师的入职教育作为教师教育整个过程的一个重要环节来抓。建立教师职后培养的教育机制，形成教师发展的有序系列。把新教师的入门阶段的培训与教师专业发展的目标结合起来。

3）加强对新教师的培训，并为其提供好的工作条件与待遇。

4）主动邀请上级教师发展中心参与新教师的入职教育活动。

5）在为新教师提供帮助、辅导的基础上，鼓励新教师的专业自我成长。要认识到，对新教师的培养，更多的是给予精神上的鼓励，帮助他们克服心理上的畏惧情绪。对于新教师的工作，以鼓励和肯定为主；对于新教师的评价，应多看新教师的发展前景和潜在的发展空间。

2. 在职阶段教师专业成长的过程

新教师通过一年的试用期，成为一名正式的、合格的教师。此时的教师经过入门阶段的探索和实践，初步具备了从事教育教学活动的能力，能够独立地完成教育教学活动。

从整个教师专业成长过程来看，教师的职前培养为教师专业发展奠定了一定的知识和技能基础，入职指导对新教师的个性成熟和能力适应起到了调节和推动的作用，而在职教育，向来被认为是教师专业发展最为关键的环节。因此，如何在把握在职教师的成长需求的基础上，通过在职教育来有效引领小学教师的专业发展，是教师教育领域亟须破解的一个重要难题。

（1）正确看待在职教师的专业成长。

1）在职教师的专业成长需要时间。教师专业的特点决定了教师的成长需要较长的时间。教育情景的不确定性及教育对象的复杂性、多样性等，都决定了教师职业对教师能力的发展有着特殊的要求，而一个人的能力的发展、成熟，往往需要较长时间的历练。

2）并不是随着时间的积累，教师专业素质自然发展演变。教师入职之后，仍然面临着专业发展的课题。教师由合格教师到胜任教师，乃至成为专家型教师的专业发展过程中，既需要教师个人的主观努力，同时也要有客观条件的支持。教师的成长需要主客观因素相互作用，形成合力，共同促进教师发展。其中，在影响教师专业成长的因素中，教师教学反思能力的形成是影响教师专业成长的关键要素。在教师的职业生涯发展中，如果教师对自己所从事的教育活动不做认真的思考，不善于总结经验教训。那么，这位教师的发展可能永远处于合格教师阶段，发展的空间及水平也是有限的。

（2）在职教师专业发展的目标分析。

1）继续促进教师各种专业能力的提高。在职教师的专业能力包括：教师的教育教学能力，教师的教育研究能力，教师的自我提高、自我教育能力，教师的交流、合作能力等。

2）不断学习，不断更新教育理念，不断改善、拓展自身的知识结构。

3）不断改进教学方法。在教学中能胜任，形成教育智慧及个人教学风格。

4）不断完善教师的人格。树立远大理想，并形成终身献身教育的意愿与精神，成为一名卓越的小学教师。

3. 在职教师专业成长的有效途径

（1）合理规划个人职业生涯。教师的专业成长是一个终生的、整体的、全面的、持续的过程，它涉及个人、组织、外在环境等错综复杂的因素。教师要善于分析和审视各种因素，并学会据此制定个人专业发展规划。教师只有具备规划职业生涯的能力才能合理地确定专业发展的目标，调控专业化发展的进程。科学合理的规划应该建立在科学理论的基础之上。因此，教师要先学习教师专业发展的一般理论，有专业责任感。特别要尽可能多地学习、了解有关教师专业发展阶段的理论，明确自己在发展过程中所处的阶段和地位，对自己的专业发展保持一种自觉的状态，及时调整自己的专业发展目标及发展策略，努力达到理想的专业发展水平。

制定教师个人专业发展规划的方法和程序是：自我认识和评估（认识自我及所处时间与空间环境）—分析相关资料，审视发展机会—确定专业发展目标与行动策略—按目标逐步执行—评价发展规划。当专业发展活动陆续开展与完成之后，教师还需要对活动的效果进行评价，了解是否达到了预定的目标，在发展过程中是否有不理想、欠周到的地方。然后，可以对问题和不足进行反思，并设法改善与补救。通过对每一个步骤与目标实现状况进行相关评价，对活动过程进行及时的审视，不失时机地加以调整和修正。这样，教师才能获得最适合自己的专业发展规划，使专业发展目标更有好地达成。

教师的专业发展规划有多种形式。按照时间的长短，可以分为长期规划（10年左右）、中期规划（3～5年）和短期计划（年度计划、月计划和周计划）。

千里之行，始于足下，人的发展是一个长期的过程。教师平时的工作复杂而又烦琐，但教师要在看似平常的教育工作中积累教育、教学经验，以确保自己专业能力的提高及专业情意的成熟，进而形成教师的教育智慧。

（2）积极参加在职学习和培训。在职学习与培训是教师更新、补充知识、技巧和能力的有效途径，可以为教师的专业发展提供机会。

目前，小学教师的在职培训主要围绕着新课程的实施而展开。培训的内容包括：通识性培训，即以《基础教育课程改革纲要》的解读为主要内容，提高受培者的思想认识，更新他们的观念，从而加深对新课程的改革目标及其教育理念的理解；学科性培训主要是以《新课程标准》的解读为主要内容，结合新教材，以教师实施新课程为目标的研修型培训。

按照受训者获取培训信息的途径的不同，培训的形式主要有：案例分析式、课堂观摩式、自修反思式、研训一体式、沙龙研讨式、专题讲座式、师徒结对式、校际合作式、网络交流式等。特别要提倡教学观摩与理论研讨相结合的方式。参加教师培训对于提高其专业化水平具有重要的作用。

（3）不断进行教学反思。教学反思被认为是教师专业发展和自我成长的核心因素，它是教师以自己的教学活动过程为思考对象，来对自己所做出的行为、决策以及由此所产生的结果进行审视和分析的过程，是一种通过提高参与者的自我觉察水平来促进能力发展的途径。反思不是简单地对教学经验进行总结，不是一般意义上的"回顾"，而是思考、反省、探索和解决教育教学过程中存在的问题，它是伴随整个教学过程的监视、分析和解决问题的活动。另外，这里所说的反思与静坐冥想式的反思不同，它指的不是一个人独处放松和回忆漫想，而是一种需要认真思索乃至付出极大努力的过程，而且常常需要与其他教师进行专业合作。

反思可分为教学前、教学中、教学后反思。教学前反思具有预测性，使教学成为一种自觉的行为，能有效地提高教师的分析能力；教学中反思具有调控性，能使教学成为一种多向的互动，有助于提高教师的应变能力；教学后反思具有批判性，能使教学成为一种理性的评价，有助于提高教师的总结能力。没有教师对自我专业发展过程的反思，就难以实现教师的专业发展。要发挥教学反思的作用，需注意以下方面：

第一，应保证教师对自己专业发展的反思不被遗忘。为此，教师的自我反思可以安排在固定的时间，使反思经常化和制度化。在反思的内容上，教师可以根据自己的专业发展规划，将目前的教师发展内容和所达到的水平，与序列中相应专业发展时期的发展内容和水平相比较，找出较弱的方面，而后重新规划，予以补救。再者，教师还需要对隐含于自己的教学行为的教育信念予以澄清，尽量避免由于不恰当的信念或观念阻碍专业发展。最后，教师还可以建立自我剖析档案，或绘制自我专业发展剖析图，以便更好地了解自己专业发展的变化和进步情况，并采取相关措施。

第二，教师在自我反思的过程中还要注意记录关键事件，经常与自我保持对话。经常记录自己认为对自己专业化影响较大的关键事件，不仅可以为事后回顾、反思自己的专业发展历程提供基本的原始素材，而且叙述过程本身就是对自己过去的教学经历予以归纳、概括、反思、评价和再理解的过程。在这一过程中，教师可以更为清晰地看到自身成长的轨迹和内在的专业结构的发展过程，进而为更好地实行专业发展的自控和调节奠定基础。对关键事件的记录，也是发掘其对自己专业发展的价值和意义的过程，因为任何事件本身是无法呈现自身的"意义"的，只有在事后的反思中才能明白它的"关键"。这一过程也是教师与自我进行专业发展的对话，提高专业发展意识以及今后对日常专业生活中关键事件的敏感性的过程，对教师个人后续的专业发展有着重要意义。当然，也可组织专门的活动让教师之间交流个人的关键事件，达到对自我专业发展的再反思和相互促进，共同提高的目的。

小学教师进行教学反思可以采取如下形式：①教育叙事，在自我反思的基础上，教师用自己擅长的文体叙述教育教学所发生的真实事件；②反思日记，包括工作中的经历，与他人的对话，深刻的感触等；③反思随笔，随时记录自己的教育教学灵感；④理论学习，与名师对话，与名著对话，撰写学习心得体会；⑤微型教学，录像观课；⑥相互观摩，同行听课观摩，相互交换意见；⑦举办研讨会、沙龙等；⑧建立档案，做好教师专业发展档案袋。

（4）积极开展教育研究。目前，人们对教师职业的专业性认同程度不高的原因，既有主观方面的原因，也有客观方面的原因。从主观上说，历来有一种看法，认为"学者即良师"，只要有知识、有学问就可以成为教师，没有意识到一个合格的教师不仅要有知识和学问，还要有与教师职业相符的品格和技能，要有对教育规律和儿童成长规律的深刻认识，要有不断思考和改进教育工作的意识和能力；从客观上说，因为它的专业化程度还没有达到与律师、医生、会计等职业同样的程度。但随着教师职业专业化程度的不断提高，必然要求教师不仅具有扎实的学科基础，而且要有教师职业的独特品格和能力。在这其中，教育科学研究的意识和能力是非常重要的一个方面。另一方面，教师教育科学研究的意识和研究能力又是推进教师职业专业化的有力保证。正是在这个意义上，我们强调，教育科学研究能力是专家型教师区别于一般教师的根本所在，开展教育科研是教师专业发展的根本途径。

新课程的基本理念之一就是使教师成为研究者。这一理念的出发点就是让教师通过参与教育研究来提高专业素质，促进自身的专业发展。在研究中，教师可以将理论与实践有机结合，更好地理解课堂教学和改善教育实践，不断扩展自己的专业知识，提高自己的能力。

小学教师开展教学研究要立足于学校的教学实践，坚持以校为本的原则。一是在选题上要找出教学实践中的突出问题，选择切实可行、具有操作性的解决方法。尽量避免理论性太强，脱离教学实际的题目。二是在研究方法上侧重教师的教育行为研究。要针对教师教学实践中的实际问题，探索提高教育教学实效性的方法和途径。三是要充分发挥教研组的群体作用。例如，对教学中，师生反映的一些实际问题，由教研组全体成员参与，利用集体教研的时间进行说课、上课、评课、撰写反思，找到一些行之有效的方法，解决教学中的难题。

（5）积极参与课程改革。教师参与课程改革与教师专业成长密切相关。教师专业发展是课程改革的重要支撑，而课程改革也能为教师专业发展提供机会并促进教师的专业发展。首先，课程改革为教师专业发展提供了"动力源泉"，它激发了教师实现自身专业发展的强烈动机，并通过课程"范式转换"对教师提出了新的要求，有利于教师在课程改革的过程中积极参与，进而提升自身专业形象和专业素养。其次，课程改革为教师专业发展提供了新途径。尤其是校本课程的开发，能激发教师对学校课程的归属感，提高教师的工作满足感和责任感，使教师对教学工作有更多的投入，并促进教师各方面的专业发展。

（6）保持开放的态度，加强合作交流。有人把教师的职业描述为一种孤独的职业。教师专业发展需要教师保持开放的心态，随时更新教育信念和专业知能。为此，教师要充分发掘、利用各种可利用的有助于自我专业发展的资源，要突破目前普遍存在的教师彼此孤立与封闭的现象，学会与同事、同行进行专业合作与交流。首先，教师要加强学科内部的交流，即同行之间的交流。如参加研讨会和观摩活动等。特别值得一提的是，在网络环境优化的条件下，通过局域网或因特网开展的交流合作活动明显具有高效便捷的优势。如利用QQ群、网络论坛（BBS）的优势，吸引教师们的参与。这种交流不仅有利于开拓专业视野，丰富专业内涵，对教师了解各地的教育教学动态也是极为有益的。

第四节　新课程背景下小学美术教师专业发展

在新教育体系下，小学美术课程逐渐成为义务教育阶段素质教育不可或缺的部分，它能为促进学生健康快乐地成长，培养学生的情感表达能力打下基础，这也就要求一线小学美术教师专业发展体系必须紧跟时代发展步伐，要求每一位教师注重自身能力的完善，不断优化和创新教育教学的方式和方法。

"中国美术教育具有它独特的发展历史，受政治经济的影响，其发展历程有着多种表现形式"[①]。当下，新课程改革要求美术教师成为"四有教师"，只有一批批具有理想信念、有道德素养的教师才能推动美术教育行业的发展。因此，我们要提高美术教师专业的水平，更好、更多地培养一批批具有健全人格的青年，以此来推动中国梦的实现。

---

① 肖美华. 新课程背景下的小学美术教师专业发展[J]. 第二课堂（D），2021（8）：83.

一、新课程背景下小学美术教师的专业素养

美术教师是前景较好的一个职业，它需要大量的人才去填补当今教育体系的空缺。但是，现实教育模式中，大多数美术教师不具备相应的职业素质，甚至完全不具备相应的美术专业知识，这对于学生来说，无疑是不利的。教师的美术专业知识的缺失可能会导致教学课堂效率下降，无法有效地将知识传授，而教师道德与职业素养的不足，甚至可能会让学生做出违背社会道德的事情。因此，具有较强专业技能的教师才能真正使学生学到知识，并且掌握人生的道理；而对于那些纯粹为了领工资、混日子的美术教师而言，他们不仅会影响学生的健康成长，还会违背美术教育的初衷与美术教学的宗旨，达不到美术课程开展的真正目的。

因此，小学美术教师在专业技能学习的过程中，应该抵制相应的不良陋习，要知道，纯粹的美术与美术教育是两码事，纯粹的美术可以在茶余饭后进行创作与欣赏，它对任何人都不会造成太大的影响，反而可以在一定程度上愉悦人们的身心。但是，美术教育是一门学科，并且即将作用于一批年幼的学生。因此，本专业的学生应该端正学习态度，应该意识到自己的学习态度将会对以后的学习产生关键性影响，并且美术教师也要加强特定的文化知识输入。例如带领学生欣赏毕加索画的《格尔尼卡》，教师应该给学生介绍相应的绘画背景、绘画手法以及绘画形式等知识，而不仅仅是单纯进行作品欣赏。教师还应该加强自身的专业技能，对美术作品有自己的见解。只有这样，对于小学生而言，才能真正起到教育的意义。此外，这个阶段的学生还不具备较强的理解与感悟能力，这就要求美术教师将美术知识以一种喜闻乐见的形式传授给学生，并且让学生牢记于心。

二、新课程背景下小学美术教师专业发展的平台

如今，美术与其他学科兼容并蓄，进行包容式、合作式发展，这样才能培育出德、智、体、美、劳等方面均衡发展的学生，这样才能够更好地为美术教师提供真正施展拳脚的平台与空间。例如，小学美术课堂经常被其他主

科，如语文、数学等科目的老师抢占，导致美术教师没有课时，这无疑是传统教学理念存在的问题。而为了取得美术教学效果，在一些科目的教学中，可以将美术融入其中。例如，在语文课上讲到一些较为关键的文章的时候，语文教师可以请美术教师过来带领学生一起鉴赏相应的、与课程紧密相关的图画等；而数学教师在讲评图形的时候，也可以请美术教师过来为学生画一两幅图画，激发学生的学习兴趣。

美术教育专业在随着时代的发展不断进步，它为相关专业的学生提供了更多的机遇与挑战。一名合格的美术教师，在把握时代规律的同时，也应该清楚自身的能力水平，要经常反思，并在不断的学习中成长，一步步地带领学生取得进步。

第三章 小学教师教育组织能力的培养

第一节 小学教师解读相关教材的能力的培养

教学的过程就是一个积极地教材解读过程，教师对教材的解读应是教学研究的重要内容之一。一方面，教师对教材的解读是客观存在的教学现象；另一方面，教师解读教材的现象有其研究的必要性。教材具有固定性、简化性等特征，教学的意义也如教材的意义一样，具有开放性、历史性、生成性和创造性、主体参与性、时代性等特征。教材因其形成的特殊性、地位的特殊性、功能的特殊性、学生的特殊性等又形成了其区别于其他非教材的一些局限性。

一、小学教师的教材解读能力的重要性

（一）时代与社会大环境的需求

现代社会人们的文化生活丰富多彩，各个国家、各个地区之间的文化交流频繁，自然科学、社会科学和人文科学之间，以及它们和文学艺术之间的相互影响加快、增大。在这种背景下，让所有的人都接受和运用单一的理论及方法解读教材是不可能的。教材解读的多元化是文化进步和繁荣的结果，也是文化进步和繁荣的标志。当今时代呼唤主体性。主体是认识者（人），客体是作为主体认识和实践的客观事物。主体具有意识性、自觉能动性和社会历史性等基本特征，意识和思维是主体的机能和最重要的特性。人的主体性的开发和提高是人类自身发展的需要。人类的发展史就是一部人类主体性

增强的历史。

在生存条件得到基本保障、物质生活和精神生活得到一定程度发展的今天，人们所追求的不仅仅是物质上的富有和精神上的满足，还要达到更高的境界，即充分发掘自我的潜能，自由地运用自己的智能和体能，不断地超越自我，不断地开拓和创造。精神自由不仅是追求真理的先决条件，而且是人之为人的根本保证。与此同时，主体高远、自由的精神活动自有它的丰厚之处，那种内心的镇定、愉悦本来也是人心最重要的追求，不过只有有机会处于这种境界的人，才能领略得到。在教学中体现教师的主体性，重要的一点就是要把教师从传统的教材理解中解放出来，使教师能够以一种相对自由的心态使用教材，给教师对教材的多元解读一个轻松的心理空间。

对教材进行解读是当今时代人文性的内在要求。教材创作活动及其成果，读者对教材的解读，都应是和主体的个性紧密相连的。现代人日益重视和珍惜个性，强调人文精神，强调尊重人、理解人。教育要现代化，就必须培养人的现代化，让教育充满人文精神。因此，教学应该允许教材解读的多元和谐，使教师以多元教材解读理论和方法武装自己，以便在小学的教学过程中游刃有余地发挥作用。

（二）课程改革理念的隐性要求

教材与课程改革的关系十分密切。一方面，相比较教师的教学观念的转变，教材能够相对快速、灵敏地反映课程改革的新理念，是课程改革相对容易着手的环节；另一方面，任何课程改革的理念最终总要反映在教材中，这样才能与最广大的师生"零距离"接触，从而发挥改革的实效，提升并巩固改革的成果。在课程改革背景下编制的一系列新教材，目的之一就是通过新教材，使教师可以更加深刻地了解课程改革的理念和课程标准的实质。但是反映到教材中的课程改革理念是否能被教师内化成为教师自觉的教学行为，这就需要关注教师对教材的解读。课程开发包括两个步骤，先由一批人（如专家）负责开发，在此基础上，又有一批新的人员（教师）开始第二步的工作，即教材的编制是对教材的第一次开发，教师备课、教学是教材的第二次开发。如果再细分的话，可将教师对教材的第二次开发过程分为教师理解教材，并备课形成教案的阶段和教师在课堂教学中，师生就教材展开对话的阶段，这样教师就可以把教材解读定位成课程开发过程中教材的第二次开发过程。

国家课程标准是教材编写、教学、评估和考试命题的依据，是国家管理和评价课程的基础，应体现国家对不同阶段的学生在知识与技能、过程与方法、情感态度与价值观等方面的基本要求，规定各门课程的性质、目标、内容框架，提出教学建议和评价建议，是整个基础教育课程改革系统工程中的一个重要枢纽。教师可以通过新课程标准看新课程的理念，新课程标准要求关注学生学习的过程和方法，以及伴随这一过程而产生的积极的情感体验和正确的价值观。教师在使用课程标准的过程中，主要关注的是如何利用各门学科所特有的优势去促进每一个学生的健康发展。在新课程标准实施建议的部分，要求教师善于引导学生从真实的情景中发现问题，有针对性地展开讨论，提出解决问题的思路；要求建立学习结果与学习过程并重的评价机制。从新课程的理念来看，教学过程与结果同样重要，只要过程不合理，即使实现了教学目标，也不能称之为有效教学，其可能是低效或无效教学，有时甚至是负效教学。新课程的这一理念得以付诸实践，是提升小学教师的教材解读能力的重要途径。

二、小学教师对教材进行解读的原则与步骤

（一）小学教师解读教材的原则

小学教师解读教材时，必须正确认识教材。一方面，教材是作者、编者表达自己意图的媒介，是一种在一定程度上寄托着其主观心理期待的客观化作品；另一方面，正是通过对教材的解读，读者（教师和学生）才得以实现自身历史性与作者历史性之间的超时空对接，让前人总结和得出的相关经验融入现时态生活之中，创生出教材的当代意义。离开了教材这个"媒介"，作者就无从表达自身对生活的体验，也无从寄托自身的主观心理期待；离开

了教材这个"学生",读者的理解活动也无从展开,也就谈不上教材的当代意义。因此,教材的形成是作者、编者主观意图赖以表达的客观化方式,教材的解读则是教材意义得以生成的必要前提,理解教材的内容需要主客体相互作用,既不是主观的也不是客观的,而是一种可能和现实、过去和现在的统一过程和关系。作者和读者这两个主体借助于教材这一媒介而相互连接和沟通,传统得以延续,历史得以发展。

1. 关注历史性原则

历史性原则主要体现在两个方面。一方面,人总是历史中的人。每个人的理解总是浸透着历史的印记。教师作为具体时代的人,其理解自然不能逃离于历史之外。在解读过程中,教师、学生的认识与经验等主观系统及文化生活背景等构成的"先入之见"或称"理解的前结构",必然使其按自己的逻辑来理解教材。新课程理念则提倡师生以自己的个人经验和意义系统对教材内容进行诠释,建构基于师生生活经验的意义世界。另一方面,教材也总是历史中的教材。在教学活动中,呈现在教师与学生面前的是具体的、个别的教材,每套教材属于一个完全不同于其他教材的历史,这要求教师和学生在研读和学习、使用教材时,不能局限于教材本身,必须从历史的角度理解教材,把教材放置于一定社会背景中进行理解,揭示教材的完整意义,使阅读教材的视野得到开拓。人文社会科学性质的教材不能脱离其历史背景,自然科学性质的教材需要回归到其历史中才能被准确地解读。

教材解读的使命之一就是还教材知识以本来面目,还教材知识以生命。教师面对知识点,不能仅限于理解这一点,更要理解这一知识点的来龙去脉,理解它的大背景:这一知识点是经过了怎样的批判和被批判的历程,才有了现在的状态,而教师又应持何种批判的视角来推动这一知识向纵深方向发展。知识本来不具有生命的价值,但教材致力于把它变得对生命有意义,变得成为生命的力量。每一个知识点的形成都包含着人们认识真理的动力,与人类的道德、理想、信仰等因素息息相关。教师通过对知识历史性的还原,不仅把握了此知识点从何而来、向何处去的历史脉络,同时也体现了同样重要的科学精神。

2. 兼具创造性与生成性原则

教材解读作为一种意义再创和开放性的动态建构活动，永远不会静止和终结，总要因历史、时代和主观局限性而不断开拓和深化，对教材的意义的理解和解释会随时空的推移、时代情境的变化而发展，永远不可能停滞在某一点上。因此，教材解读的本质不在于只去复制历史和教材的原意，任何读者的理解和解释都是在自己所处的特定立场，以特定的观点和视界去理解并解释历史事件与教材的意义。对同一套教材，每一个时代的理解和解释都有很大不同，都会蕴含着读者特定的局限和偏见。因此，教材的原意只是相对的，随着时代和历史的发展，人们会对它不断地做出创造性的解释。教材解读的这种动态化特征表明，对教材意义的生成与构成没有超时代的、永恒不变的解释，而创造性的理解就是解读过程中对教材意义不断进行新的探索和新的发现的重要途径。教材的意义处于"待生"状态，对不同教师而言，其含义是不尽相同的，其意义是教材与教师相互作用、互动的结果。教材的意义不是被理解后才呈现在师生的面前，而是随着理解被展开。

教材解读是教师、学生通过与教材积极地对话，不断形成新的意义即新的想法、新的设想的过程。教材的意义在师生的参与和关照下持续地涌现其新的意义，在新的历史条件下，不断呈现其存在的各种可能性。教材的意义并不是现成的存在，而是在人的关切和参与下，其意义不断涌现和生成，不断流传和延续的动态过程，教材意义的发生和展开是一个永不止息和永不封闭的过程。创新是文化不断发展前进的永恒动力，也是人文社会科学检验自身是否有生命力的标准。

3. 个性化设计原则

教师身处的时代、文化背景、家庭环境、受教育经验以及教师在理解课程前所掌握的专业知识与技能，所形成的教育观念等构成其"理解的前结构"，这些"理解的前结构"意味着教师不是等待被填充的无思想者，而是一个有个性的主动解读者。"前理解"是一切理解活动的基础，是个性化理解活动的基石，也是个人创造活动的开端。不同的作者会根据自己的理解、需要而创作成不同的教材，不同身份、不同时代的读者又会对它进行不同的解读，赋予教材不同的意蕴。因此，决定教材内容的意义的，实际上是人们的"前理解"，故有"人们从教材中看到的，只是他们准备让自己看到的"的说法（伽达默尔语）。"前理解"会因教育、时代、文化等方面的相同而使一些人的观点有一定程度的接近，教材的"共鸣""社会效果"等得以产生，同时又因人们的文化身份、气质、学识、知识结构的差异等而有所不同。

（二）小学教师解读教材的步骤

1. 进行系统备课

小学教师对教材进行解读，应进行系统备课。系统备课的第一步，就是要对新课程标准进行系统的研究，并且要通读教材。教师要把握整个学段的教材。不管是哪个年级的教师，都应该把整个学段的教材拿到手，通读教材，认真对照课程标准，知道本学段本学科的教材包括哪些基本知识，教学重点是哪些，哪些零散的知识可以整合起来根据教材的编排意图和体例，教材内在的逻辑线索，画出本学段教材的知识树，写出教材分析。在通览教材的基础上，还要进一步对一册教材的目标要求和编排体系进行研究。在新学期的开始，教师要通过读新教材，对照课程标准，理解教材的编排意图和内在的逻辑线索，画出本册教材的知识树，写出教材分析。当教师把一册教材的内容都掌握之后，还要深入解读每一个单元的内容。因为教材是分单元的，每个单元的教学重点，单元内各部分内容的互相关系，都需要解读清楚。

2. 对当前所用教材进行解读

在上述系统备课的基础上，进行当前教材的解读。首先，教师要依据系统备课的成果，明确这一课的内容在整个教材体系中的地位和作用；其次，解读当前的教学教材，还要强调对规律性知识的理解，教师平常写教案都要写教学重点，规律性知识就是结构性知识，而结构性知识就是每一课所要教给学生的概念、原理、结论。在教学中授以基本结构的知识，能最好地激发学生的智慧，获得的知识，如果没有以完满的结构把它们联系在一起，那么这些知识多半会被遗忘。思维与智力的发展取决于重点知识是否巩固，这里所说的重点知识，就是反映事物特性的重要结论、规则、定律和规律。教材内容一般分为三部分：第一部分，直观系统，就是教材所提供的直观情境，如图片、事实等，诉诸学生的感性认识；第二部分，概念系统，是这一课要教给学生的概念、定律、结论；第三部分，练习系统，是教材上的例题和练习题，这三个部分中的核心就是概念系统，直观系统和练习系统都是为概念系统服务的。

解读教材还需要在教学实践中打磨和锤炼，结合具体教学内容、教学对象以及教学环境，作具体处理，针对教材的不足加以增删、修改和调整，从而达到灵活使用教材的目的。教师应正确理解教材的编排思路。新教材有一种观点叫作淡化概念，它的编排思路是先出现一些情景、一些故事、一些材料，目的是让学生自己推断概念。

三、小学教师解读教材的具体过程

教学过程中，教师对教材的解读分为两个阶段：第一，内化教材的过程，即静态的"解"的过程；第二，外化教材的过程，即动态的"读"的过程。"解"的过程是教师对教材和学生进行理解的过程，用教学术语讲，就是教师备课的过程；"读"的过程是师生在理解的基础上，进入师生互动阶段，教师、学生和教材三者展开对话的阶段，从而形成师生"视界融合"的过程。将课程划分为五个层次：观念层次的课程、社会层次的课程、学校层次的课程、教学层次的课程和体验层次的课程，并且进一步把教学层次的课程分为理解的课程和运作的课程。从这种课程分类来看，教师对教材的解读就属于第四层次的课程，"解"的过程是教师理解的过程，"读"的过程是教师运作的过程。

（一）教师对教材的内化解读

在备课过程中，教师对学生和教材作静态的理解时，教材是潜在的文本，而不是现实的文本，它只有在师生的理解过程中才有实际意义，只有在师生的创造性学习中才能获得现实的存在和生命。教材给教师提供了一个无穷无尽的意义的源泉，已经不是一个纯粹的研究学生，而是一个对话者，教师必须和教材展开充分的对话。

1. 教师对学生的感知

学生作为教材的读者，他们的"先入之见"对教材意义的形成具有存在的合理性和必要性，是教师必须关照的重要因素。教师在备课时要充分考虑学生的生活环境和知识背景，善于找出课堂教学内容与学生的现实生活的契合点，从他们身边所熟悉的人或事出发，从他们生活中所遇到的实际问题出发，从他们头脑中有可能产生的疑惑出发，进行教学，将生活中丰富的教育资源引入课堂，让学生感觉到课堂是其乐无穷、真真切切的。

2. 教师对教材内容的整合

教师要领会教材中的科学精神，科学的精神不是昭示无法反驳的真理，而是在坚持不懈的批判过程中寻找真理。科学的特征在于批判思维，不迷信、不盲从的批判和探索精神才是科学的精髓。科学不应如传统教学所认识的那样，只是一个静态的研究成果，更应该包含动态的研究过程。科学是一种知识，同时也是一个获得及利用这种知识的态度（求真）和方法（求实）的过程，只要把握了过程——科学研究的态度和方法，科学的结果——知识与技能自然能被掌握。因此，新课程也在试图改变只注重掌握科学知识结果的趋向，向重视养成科学探究的态度和方法倾斜。在教材传递的信息中，与科学内容相伴的还有大量其他信息，这些信息都是宝贵的课程资源，同样对学生起着潜移默化的教育作用。

3. 教师对自身特征的彰显

教师对教材的理解要注重个体心理的体验性，以其独特的感性和经验模式参与对教材的把握和建构，需要教师的切身体验，需要结合自己的人生经历和阅读积淀，有一点独特的感受、体验和理解。教学是一项创造性较强的工作，教师的创造性在教学上的表现就是带上鲜明的个人特色。对某一教材，绝不能只有一种解读方式，不同的解读理论和解读方式会有截然不同的体验和结论，或者同一结论可以用不同的理论和方式去体验，去解读。如果仅用传统的理论去解读内蕴丰厚的教材，会造成解读的概念化、片面化、单调性，造成意蕴的多层流失，无法做到给学生的解读"导航"。

（二）师生对教材的共读

在小学课堂教学中，教师、学生和教材动态的对话过程建立在理解教材的基础上，课堂教学为教师、学生提供了一个通过教材，与知识进一步对话的时空，课堂是一个千变万化的、充满冲突的社会情景。教师、学生带着自己的经验走进课堂，围绕教材内容，进行沟通。在互动中，教师要把课程知识转化为一定的表述内容和形式，以引起学生的关注、遵从、认同乃至内化；而学生是一块"白板"，他们是带着日常生活的各种理解进入课堂的，有着自己亲眼所见、亲耳所听、亲身经历的、无意识的、非系统化的"理解的前结构"，与教材、教师对话时，他们不会直接把别人的意愿和意识形态内化为自己的思维结构。在此情境中，教师与学生都有他们各自所要达成的不同目标，需要师生不同的视域之间的融合，并在融合的过程中实现师生精神世界的拓展和人生经验的积累。师生视域的融合方式和程度直接决定着教师对教材的解读水平。

1. 构建真实的课堂对话情景

课堂教学的过程是教师、学生与教材对话的过程，这种对话所创设的情境要有利于民主、平等气氛的形成。对话是非预期性的，其复杂性在教学中也是必然出现的，而此种复杂性揭示了生活的本质，种种情趣、种种智慧也隐藏其中。有意义的课堂往往就是一段精彩的对话，有对话的课堂教学必定是引人入胜的，有对话的课堂教学必定是使人流连的。教学公开课、观摩课、评比课等，都十分注重形式化的设计，按照预设的目标、预设的内容、预设的进度、预设的环节、预设的方式、预设的时限来展开，以至于提哪些问题、由谁来回答等都预先设定好，这种课是"非常态"情景下，教师的课堂教学，应是充满人情味和生命力的生活化的课堂。课堂上，教师用哪些话来表达已准备好的内容有很大的偶然性，教师的教学智慧，恰恰应该表现在这种课堂中，表现在根据具体的教学情境而做出的即时的判断和处理。

2. 体现学生的课堂主体地位

教学要贴近时代和生活，就要从受教育者出发，即从学生的实际出发，允许学生在自己的生活经验的基础上对课文做出自己个性化的解读。现代教学中只有使学生进行多元化解读，使学生品尝个性、思想被肯定的快乐，才能充分调动学生的主体意识，激发他们的生命活力，使他们自信、自我肯定，让学生在被肯定中，形成主人翁意识，树立信心，标新立异，敢为人先，发展自己的个性特长，完善自己的个性品德。新课程标准提到，阅读是学生的个性化行为，应该让学生在主动积极的思维和情感活动中，加深理解和体验，有所感悟和思考，受到情感熏陶，获得思想启迪，享受审美的乐趣，树立以人为逻辑起点，以人的持续发展为实践归宿的服务宗旨，为学生个性的彰显、思想的解放营造充足的心理空间。

教师的解读要重视学生的主体地位，真正理解只能是由学生自身基于自己的经验背景而实现的，取决于特定情境下的学习活动过程。学生带着已有的丰富多彩的个体经验解读教材，以自己的眼睛和心灵去认知，并由此形成学生教材解读的自主性、选择性和差异性。教师的解读应该尊重学生自己的解读过程，尊重他们自己的价值关怀，尊重他们自己的情感、个性、人格发展的过程。教师在实施教学的过程中，不仅要考虑自身的特点，更应遵循学生学习的心理规律，强调从学生已有的经验出发，让学生亲自体验将实际问题抽象成模型并进行解释与应用的过程，进而使学生在获得对教材内容的理解与支持的同时，在思维能力、情感态度与价值观等方面都得到发展。学生解读教材的主体地位与教师的作用并不矛盾，学生和教师的重要作用并不是非此即彼的，教师作为"学习共同体"的主要组织者、指导者，其参与的热情及才智将直接影响教材解读的质量和进程。

（1）从生存教育的层面而言，教师的解读要关注学生的实际生活，关注学生实践能力的拓展，以适应现代社会和未来社会对人的能力的要求。真正地理解只能是由学生自身基于自己的经验背景而建构起来的，否则，就是被动的学习。教师的解读要帮助学生的学习朝着有利于知识意义建构的方向发展，要尽可能以学生乐于接触的、有价值的题材，如生活中的问题、有趣的史实、富有挑战性的问题等，作为学习的素材。这些素材有利于学生主动地从事观察、实验、推理、猜测、验证、交流与解决问题等活动，通过这些活动，使学生在主动参与、独立思考、亲身实践、合作探究的过程中，体验成功的喜悦，增强学习的信心，发展学生收集处理数据的能力、获取新知识的能力、分析问题和解决问题的能力，以及交流与合作的能力，形成良好的情感、态度、价值观。

（2）从终身教育的层面而言，教师解读要为学生一生的可持续发展以及终身学习提供必要的基础支持和动力源泉。教材的解读要为学生后来的学习打好基础，让学生获得自我教育、自我发展的能力。当今信息时代，知识更新越来越快，培养学生可持续发展的终身学习的能力是教育最重要的任务，学生在将来会面对越来越多的信息资源，要让学生形成信息的吸收、选择、储存和使用的新体系。在教材的基础上，通过师生进行科学的对话，让学生知道一切知识都只是"相对真理"而不是"绝对真理"，知识具有双重性；教材的开放性呼唤解读主体的多元解读，教师的多元解读要为教学实践中培养创造性因素服务，成为充分满足人的多元化可持续发展的奠基工程，培养学生的创造能力，发展学生的多元思维，这正是世界多元文化形成并发展的精神基础，多元解读思维使他们在继承的基础上，不断发现、不断否定、不断突破、不断创造。

3. 完善师生的"前理解"过程

由于主体的差异性，解读的结论千差万别，这导致教师、学生与教材的对话并不总是成功的。当学生的理解出现错误时，教师作为一个知识构成较完整者，占有资料较丰富者，理解感受力较强者，他的责任便是指正、引导、激励。在对话过程中，由于视界的融合、精神的际遇和理性的碰撞，双方都有输出，有吸收，有肯定，有否定，有再现，有创造，有理解也有存疑，教师也可以借助学生的信息资源，不断扩充自己的教学内容。换言之，课堂对于教师而言，同样也是一种成长。

四、教师解读教材的能力的影响因素及提升

（一）教师解读教材的能力的影响因素

1. 社会的发展

教学是社会通过教师实施社会控制的一种媒介，国家的经济、文化、科技发展的需要和意识形态的控制往往渗透其中。教师既是学校成员，又是社会成员；既是学生社会化的承担者，又是自身社会化的承受者。教师的特殊地位和身份决定了其在教学过程中必须坚持和再现国家和社会的利益要求，而国家和社会正是教材的选择和解释尺度的立法者，对教材的解读不能背离这一基本方向。不同的教育体制影响课堂中，教师对教材知识的讲授方式，教师在实际教学中的内容和教育体制、社会控制有明显的关系。

2. 学生的发展

学生是教学活动的出发点，也是教学活动的落脚点。在教学过程中，教师对教材的解读不同于自己理解教材，也不是把教材的意义强加给学生，而是以学生发展的视角、接受的视角来解读教材。教师作为参与教材解读的其中一个主体，是帮助学生理解教材的解读者。传统教学过程中虽然也有学生对教材的解读，但基本上受制于教师对教材解读方式的影响。一方面，教师传授知识的方式是经过社会授权的，具有某种强制性、诱导性；另一方面，教学的基本职能之一是传递人类文化和文明的知识，在这种文化传承过程中，教师起着重要的作用。教师通过教材解读，把蕴含于教材中的符合社会要求的思想观点、价值观念、道德规范转化为课程的内容，再进而把它们传递给学生，为学生所同化，从而实现社会控制。

在新课程理念下，教师只是参与教学的主体，教育活动的最终落脚点是

学生如何去认识教材、解读教材。教师解读的目的是教师从有助于学生理解教材的角度来解释教材。换言之，教师的职责是解释，任务是帮助学生理解教材，教会学生如何把自己的生活经历置于更为全面的文化背景中去解读，在解读过程中完成师生重构自身的过程。

3. 教学目的

教学作为教育的核心，是有目的的教育活动，教师必须坚持教育的原则，担负一定的道德责任。教学永远具有教育性，教学不是一个价值中立的过程，学生在此过程中会形成和改变思想品德和价值观念，这要求教师在教学中要认真解读教材，深入挖掘其中的教育因素，做到科学性与思想性的统一，既保证学生获得有效的知识，形成正确的方法、态度，又能形成正确的世界观和高尚的道德情操。

4. 教学理论

在传统教学理论中，对教师而言，教材意义的固定性和教师解释活动的权威性是预先给定的，传统教学论的研究也往往局限于教材意义的确定性、教师活动的复制性和教育活动的再现性所组成的封闭的循环。教学法是师生对于课堂知识的控制形式，也即师生互动形式。只有在师生互动中，知识、社会情境中的规范和意义才能为学生所内化。对教学法的运用可分为强控型和弱控型。强控型教师对教材的解读严密，结构化强、目标明确、层次清晰，并经常运用规则、规范来约束学生，对知识的训练异常扎实，经常考试；弱控型教师则允许学生拥有更多的自由，对教材的解读呈现松散的状态，但促进学生全面发展的主旨贯穿始终，重视发挥学生的主动性，鼓励他们质疑、提问。

（二）教师解读教材的能力的提升策略

教师作为教学过程中教的主体，应充分发挥其主体性作用。主体性就是作为社会生活主体的人在实践活动中表现出来的自主性、能动性和创造性。主体并不一定有主体性，主体性的发挥既受主体所处的社会历史环境等外部因素的影响，又受主体自身内因的制约，主要是主体意识和主体能力，提升教师解读教材的水平也要从这两个方面着手。

1. 构建良好的外部环境

新课改的课程理念既给教材解读提供了广阔的空间，又给教材解读提出了更大的挑战。新的课程增加了教学中的不确定性：教学目标与结果的不确定性——允许学生在知识、能力、情感、态度、价值观方面的多元表现；教学内容的不确定性——课程的综合性加大，教材、教参为教师留有极大的余地，教师要花很多的时间查找资料补充教学内容；教学方法与教学过程的不确定性——教师有较大的自主性，将更为灵活地选择和使用教学方法，教学过程中，教师可支配的因素增多；教学评价的不确定性能够减少和淡化考试得分点。因此，新的课程标准对教师教学与学业评价的影响是间接的、指导性的、具有弹性的，给教师的教学留有一定的空间。

新课程设计便于教师准确地把握国家课程标准，增强课程意识，提高对教材的驾驭能力，降低对教材的过分依赖，有利于拓展课程，创造性地开展教学。教学的多样化、变动性要求教师是一个决策者，而不只是执行者。在这种课程环境下，教师具有更多的创造新形式、新内容的空间。新的课程呼唤有创造力的教师，新的课程也必将造就大批的优秀教师。对照诠释学中教材解读的理论，分析我国传统教学过程中，教师对教材的解读，创造性地解读教材要求教师在充分了解和把握课程标准、教学目标、学科特点、教材编写意图的基础上，以教材为载体，灵活有效地组织教学，拓展课堂教学空间。创造性地解读教材是教学内容与教学方式综合优化的过程，是课程标准、教材内容与学生生活实际相联系的结晶，是教师智慧与学生创造力的有效融合。

2. 优化新的知识结构

要知识的结构，首先要改变教师的知识观。知识观指对知识的看法。知识观的改变主要表现在三个方面。第一，知识的本质由绝对真理到生成建构性。第二，知识的存在状态由公众知识到个体知识。传统知识观认为，知识是一种客观存在，独立于学生之外，与学生的认知方式无关，学生的主要任务是认识、掌握知识。而现代人们认识到，知识不仅是客观的、公共的，更是个人的，因此它存在于每个个体的心中，对同一种现象，每个人都有基于自身经验的不同理解，并因此建构了对事实的不同认识。第三，知识的属性从价值无涉到价值关涉。知识观的改变带来知识结构的改变，在科学知识方面，教师不能仅仅拥有事实性的和结论性的知识，科学史、科学哲学应成为教师智慧的一部分，从而使教师在教学中不仅可以展示科学结论，教师应建立与学生的经验有意义关系的知识体系，以形成文化的、情境的、具有价值倾向的知识。

第二节 小学教师的课堂教学组织能力的培养

一、小学教师课堂教学组织能力的构成

课堂教学组织是教师在一堂课的教学中，善于发挥管理效能，调节教师与学生、学生与学生之间的关系，师生共同完成教学任务的种种活动。组织课堂教学的能力是教师为了完成教学任务，设法创造课堂气氛，把学生带进教学过程，并要鼓励学生积极、主动地参加获得知识和能力的活动，参与知识的发现和创造过程，让学生根据自己的经验充分发挥自己的聪明才智，圆满完成教学任务时所施行的一系列组织管理手段。

教师必须有扎实的基本功才能具有较强的课堂组织能力，除钻研教材、研究传授知识的方法外，还要掌握学生的学习心理，了解学生的年龄特点，学生掌握知识的程度，及其学习的方法与习惯。教师只有对学生各方面的情况有所了解和研究，才能做到心中有数，才能根据教材实际，对学生进行有效的指导与讲授，使学生达到"我会学"的要求。特别是遇到学生对所讲的内容有疑问时，教师必须具有较宽的知识面和较强的应变能力，才能因势利导，不但使学生的疑难得到解决，而且也将进一步激发他们探求知识的欲望和获取知识的积极性。每当学生被充分调动起来的时候，对教师的课堂组织

能力必然会提出更高的要求。教师只有不断夯实教学的基本功，才能适应教学改革的需要。

教师的能力涉及的内容很多，教学的组织能力是其中的一种。教学组织能力是教师为达到教学目标、取得教学成效，在教学过程中表现出来的一种操作能力，它是教师业务素质的一个重要组成部分，对于保证教学工作有条理、有系统和实现教学目标有着重要的作用。教学组织能力不是一种不可捉摸的抽象概念，而是由许多具体的因素所组成的。对任何一个教师而言，所有的课堂教学的流程基本上是这样的：首先，进行备课并形成教案；其次，根据教案具体组织课堂教学的活动；最后，根据课堂教学活动的结果，判断教学效果与教案中提出的课堂教学目标是否吻合。在备课、上课和评价这三个环节中，至少要涉及教学内容的组织、教学活动的组织和教学活动的控制等三个方面的内容。这三个方面的内容构成了教学组织能力的三个主要组成因素（或组成成分）——教学内容的组织能力、教学活动的组织能力和教师的语言组织能力。

（一）课堂教学内容的组织能力

教学工作是按一定的教学大纲（要求）和教材（内容）有计划地进行的，对于具体的一堂课而言，教师必须根据教学大纲的要求、教材的特点、学生的实际情况，确定课堂教学的目标、具体教学内容的安排和准备教学活动所需要的其他材料，这就是教学内容组织的主要工作。教学是师生的双边活动，教师的教是为了学生的学。教学目标必须经过学生的内化才能变成学生的学习目标，教学内容必须在教学活动中向学生呈现，被学生理解后才能成为学生实际学习到的内容。因此，在教学内容的组织过程中，教学目标的合理性和教学内容安排的层次性就显得十分重要。如果教学目标定得过高，超出了学生的"最近发展区"，就会使学生感到这种目标是可望而不可即的，即使跳一跳，也达不到目标的要求。于是，对于这种教学目标，学生就不会将其内化成自己的学习目标，教学目标便成为教师强加于学生的施加物，学生学习的积极性自然要受到影响。如果教学目标定得过低，学生虽然能够将其内化，但他们会感到这种学习比较简单，很快可以完成，没有学习的挑战性，学生的时间全部花在低层次的学习上，学习的质量和效率都较低。

教师向学生呈现的教学内容，如果安排得层次分明，学生就容易理解学习的内容。

（二）课堂教学活动的组织能力

就具体的课堂教学而言，教学活动的组织包括两个方面的内容：第一，教学活动的设计，即根据教学内容的组织和学生学习的心理学原理，设计具体的课堂教学活动；第二，教学活动的操作，即根据教学内容的组织和课堂教学活动的设计所形成的书面结果——教案，在实际的课堂教学过程中，具体地组织学生开展学习活动。教学方法是为实现教学目标而组织的一种有秩序的教师工作方式和学生学习活动方式的总和。因此，教学活动的具体设计是从大量的教学法中，选择对于教学内容和所教学生最适宜的教学方法。教学方法的选择适当与否，直接影响学生的学习效果。在课堂教学的实施过程中，教师如果能够根据学生已有的认知发展水平及知识的准备状态，呈现知识（书面或口头）和有条理地组织具体的学生学习活动，其教学效果会事半功倍。

（三）课堂教学的语言组织能力

一般而言，课堂教学活动的实施过程，是教案具体落实的过程。但是，这种落实的过程不是一个按教案实施教学的过程，原因主要包括以下两点。第一，教案仅仅是体现教学内容的教学活动组织的书面计划。在这个计划中，不可能将教师在课堂教学过程中的每一个操作细节和所讲的每一句话都写进去。课堂教学的过程，必须根据这个计划，在操作层面上详细地展开。第二，教案在上课的过程中可以进行修正，这取决于课上的情境：学生的准备程度、对新知识的感知程度、情绪等。因此，课堂教学的过程，既是教学活动的操作（组织）过程，也是教学活动的控制过程。课堂教学活动应该是一个有序的活动。为了保证课堂教学活动的有序性，教师在课堂教学的过程中，就要对这种活动实施控制。

教师对课堂教学活动的控制，主要体现在三个方面：第一，使课堂教学活动按照教学目标的指向展开；第二，使学生在课堂教学的过程中始终处于良好的情绪状态；第三，根据学生学习的结果反馈，对课堂教学活动进行调控。在实际的课堂教学中，教师对教学活动的控制主要是通过语言来实现的，教师的语言组织能力是对教学活动实行控制的工具。教师的工作主要是通过口语交流的形式把人类所创造的知识财富传授给学生。在课堂教学的过程中，教学内容的讲述、学习任务的布置、教学气氛的创设、问题行为的处理等教学活动的操作和控制无不是通过语言的组织和表达来实现的。教师恰当的言语组织和清晰的表达能促进学生对知识的理解。只有当教师把教学内容勾画出来，学生才能形成正确的概念，顺利地由形象思维转化为抽象思维。教师恰当的言语组织和清晰的表达也能诱发学生的求知欲，激发学习兴趣，吸引学生的注意。富于情感的语言能以声传情、以音动心、陶冶情操，使学生处于良好的情绪状态。因此，操作和控制都离不开教师的语言。

教学内容的组织能力、教学活动的组织能力和教师的语言组织能力，作为教学的组织能力的主要组成部分，不是孤立地表现出来的，也不是孤立地起作用的，它们是彼此之间联系着的，并形成一定的结构，在教学的过程中综合地起作用。如果站在教师教学组织能力的角度来考察教学的过程，合理的教学工作的流程应该是：根据学生的智力水平、学习态度、原有的知识基础和学科教科书及学生学习的心理学原理，组织具体的课堂教学内容，设计课堂教学的活动；在课堂教学活动的实际开展过程中，教师按照教案的原则性安排，使用语言具体地组织学生开展学习活动和对教学活动实施控制。

二、小学教师课堂教学组织的原则

组织课堂教学总的原则应该是"管而不死，活而不乱"，既要严格管理，严格要求，又要爱护学生，尊重学生；既要严肃紧张，又要生动活泼。

具体原则主要包含以下两个方面：

（一）以教师为主导，学生为主体

学生的考试成绩是检验教学质量高低的标尺。而学生的学习成绩，关键取决于内因，教师的教只是外部条件，因此，教学的主体应该是学生，而不是教师。以学生为主体的教学，是要把整个教学过程组织成学生主动学习的过程，也就是学生自己获取知识、增长才干的过程。要求从教学目的到教学过程的设计，到教学活动的安排，直到教学效果的检查，全都应以学生的学习为核心，教学中的任何环节都不能脱离这个核心。以学生为主体，教师还必须真正发挥其主导作用。在整个教学过程中，教师应成为教学程序的设计者，学生求知的启发者，学习门径的指引者，学习纪律的监督管理者等。教师必须从教材和学生的实际出发，精心确定课堂上每项教学活动的要求、重点、难点，尽量减少无效劳动或重复劳动。在组织课堂教学的过程中，教师对学生要循循善诱，激发学生自觉学习，鼓励学生质疑问难。在教学过程中，教师要主动对知识的疑难点给以指导，于精微处给以启示。在学习方法上更要使学生得到要领，培养良好的学习习惯，从而使全体学生都有长足的进步。

（二）坚持收放自如的原则

收放自如是课堂组织集体活动的一条重要原则，如集体讨论、集体辩论、集体交流、小组对测等，要既不浪费课堂时间，也不影响教学进度，就必须掌握好放和收的尺度。放中有收就是在知识领域（即讨论范围）内的"放"，在教学过程一定发展阶段上的"放"。学生可以在教师所控制的知识范围内敞开思路，畅所欲言。"收中有放"就是教师所控制的知识范围也不是一成不变的，有时还可根据教学进展的情况，适当放宽或者缩小知识尺度，同时也允许学生独立思考，向更广泛更深入的领域探索。教师要善于发现学生萌发出的新知的幼芽，及时给予支持和鼓励。

三、小学教师课堂教学组织的基本步骤

（一）准备阶段

有经验的教师在上课未开始时，就已经开始组织教学了，课前做好充分准备，是保证胜利完成教学任务的前提和基础。教师应要求学生在上课前准备好课本、作业、笔记本，帮助学生做好上课前的思想准备。当学生准备书籍文具时，就会自然地联想到课程的进度、教师的提问等，这样有助于完成教学任务。每节课前进行的组织管理工作，往往直接影响着本节课的成败。要培养学生做好上课准备的良好习惯，要提出具体要求，如书籍文具的放置，复习上节课的教学内容，检查上节课的作业完成情况等。

（二）启示阶段

启示阶段的组织教学是整个组织教学的关键环节。教师在讲课时要精神饱满，语言精练，语言和谐且有韵律感，教态大方且又和蔼可亲能赢得学生的敬慕。教师上课如果能讲得有声有色，就能产生较大的吸引力，学生就会听得津津有味，这是最有力的组织，也是教师组织教学的主要手段。"教师在教学中要巧妙应用生活化的教学策略，这样不仅有利于构建高效课堂，而且能调动学生的学习积极性，同时，能提高学生的学习兴趣，激发学生的创作欲望，提高学生的审美情趣"[1]。

第一，恰当提问法。这是这一阶段组织教学、了解学生、复习巩固、检查教学效果常用的方法。但在启示课阶段用，对集中学生的注意力，排除干扰，促使学生认真听讲的作用更大。

第二，眼神制止法。有些班级的课堂纪律不好，总有少数学生不能集中精力听课，对这种现象，不宜都以训斥解决问题，教师充分发挥眼神的作用，往往可收到意外的效果。教师的目光、眼神，可以是关切、希望，也可以是斥责、制止等，不用过多的时间，而能达到教育目的，还能防止因过多

---

[1] 王文京. 活引生活之水激活课堂教学——核心素养背景下小学美术生活化教学策略[J]. 美术教育研究，2022（3）：156.

批评而伤害到学生，也能节约课堂时间。

（三）授课阶段

授课是一堂课教学的核心，而组织教学也应围绕这个核心进行。授课若使用单一的讲述法，让学生长时间静坐听讲，他们的注意力就容易涣散，教师要根据学生的年龄特征、教材实际，灵活选用恰当的教学方法，使学生积极主动地参与教学过程中的各种活动，这就是寓教于乐。在一节课内，如能将讲解、板书、提问、朗读、复述等方法综合运用，学生就不会感到特别疲劳。

第一，留心观察法。授课阶段由于教学任务繁重，留心观察就成为许多教师进行组织教学的有效方法。教师上课要随时观察学生的情绪、表情、动态等。在课堂中，如发现多数学生难以集中注意力，教师就应把新课停下来进行整顿，设法集中学生的注意力，或者提出一些问题，要求学生看书、思考、回答，或者变换讲课方式，尽量使多数学生听懂。

第二，应变式组织教学法，这种办法是指教师要根据课堂上出现的不测事件，变换方式，灵活机动地组织教学。教学有法，但方法不是一成不变的。教师设计的任何完美的教学方法，在千变万化的教学实践中，要求教师因势利导，变换教学方式，以达到教学目的。

四、小学教师教学组织能力的培养

课堂管理是教师的调控行为，是对课堂环境的控制，是对学生学习行为的促进等。课堂管理是管理者（教师）与被管理者（学生）双方为了提高教学效率而共同建立并完善课堂教学的环境，是以两个主体共同决定的。在一节课堂中，教学行为的发生也伴随着管理行为的发生。对于课堂教学行为而言，一切的管理行为构成了教学环境要素；对于课堂管理行为而言，一切的教学行为也就变成了管理的环境要素。课堂管理有如下含义：首先，课堂管理是一种师生都需要付出努力的成本，这种成本主要指脑力付出。课堂管理目标可以按照不同标准划分，最基本的目标是为课堂教学顺利进行保驾护航，提高教学质量。换言之，就是通过一定的管理成本投入，保障和实现课堂教学过程顺利、高效地进行。间接目标是最终实现学生的全面发展与进步，并且使教师的管理能力和管理水平实现新的提高，积极构建和维护教学环境是实现课堂管理目标的基本方法。

有效的课堂教学组织应具备如下鲜明特征：

第一，课堂严谨科学、井然有序，师生关系和谐、民主、融洽。在有效的课堂管理中，教师结合新课标的学习要重新进行角色定位，教师应该明确，其作为学生学习的组织者、引导者、合作者、帮助者，是始终与学生平等的对话者，教师是学生学习的引路人。新课标强调要树立学生的主体地位，明确指出学生才是学习的主人，学生是有能力学习好的。与此同时，学生是相对独立的个体，教师在教学管理中一定要尊重学生，从学生的需要出发，教师要看到学生与教师在课堂管理体系中是平等的，学生应当受到格外的尊重。只有深入学生内心，和学生做朋友，打开学生的心扉，学生才能够热爱学习。

第二，课堂教学过程完整、生动、流畅，学生思维活跃，注意力集中。现实课堂教学中，个别教师时常会因为维持课堂纪律、组织教学、介绍课堂活动规则等原因，中断了课堂教学，导致课堂教学目标没有如期实现，教学任务没有按时完成。学生掌握知识、获取能力也受到不同程度的影响。有效的课堂管理应追求课堂教学方法得当，教学手段灵活，教学过程完整流畅；学生学习的积极性得到充分调动，思维活跃，注意力集中，课堂气氛活跃，学生的能力能得到全方位的提升。

第三，教学结果实现师生双赢，教学相长。教师和学生是课堂的主体，课堂管理的最终目的是实现人的发展，也就是学生学习能力、学业成绩的提高和教师教学水平的提升。有效的课堂管理应该使学生和教师都能从中受益，实现师生双赢，教学相长，师生双方共同实现课堂管理的目标与任务。

提高教师课堂教学组织能力的途径具体如下：

（一）提高课堂教学方法的有效性

教师的课堂教学方法是否有效直接影响课堂管理的有效性，决定着课堂教学质量的高低。教师可以采用学生喜欢的教学方法来提升课堂管理的水平。如体验式教学方式。教师精心创设活动情景，通过游戏体验、角色扮演、情境体验、现实体验等，让学生深度参与课堂教学。

体验教学有其独特优势，在体验过程中，学生的学习不仅要用自己的脑子去想，而且要用眼睛看、用耳朵听、用嘴说话、用手操作、用心灵感悟。学生收获的不仅仅是对知识的理解，而且是在亲身体验中真正实现了对知识的内化和认同。通过这种方式，学生的注意力集中在学习上，课堂管理问题就会迎刃而解。情境式教学也是深受学生欢迎的一种教学模式，它对于调动学生学习的积极性、参与性，对于提高教学的实效性起了重要作用。巧妙的情景创设，可以吸引学生的注意力，调动学生参与学习的积极性。教师必须要转变教学方式，学生的学习方式也会随之发生变化。从实际出发，围绕教学目标，多为学生创设积极有效的教学情境，把学生学习知识的过程变成探究问题、小组合作的过程，激发学生的好奇心、求知欲，使学生真正成为课堂的主人。

教师的教法灵活多样，有变化，可以让学生更多地参与教学，主动学习。可以应用讨论、质疑、表演、竞赛、查阅资料、访问调查等学生喜欢的教学方法。与此同时，注重教学手段的多样化，板书、投影、模型、录音录像、多媒体等要适时应用；在教学语言上应生动、活泼、简洁、幽默、有感染力。在课堂上，学生充分参与，形式多样，学生对课程也会兴趣盎然。一节课堂纪律好的课，也必定是一堂精彩的课，这样的课堂，不仅学生注意力集中，发言踊跃，教师应加强教学节奏、课堂段落和学生注意力的管理调控。改进课堂交往结构、提高学生参与率。满足学生自主学习的需要，让学生设置学习目标、体验成功，教给学生好的学习方法、提高学生的自我效能感。

教师应精心设计每堂课的内容和活动程序。利用问题引导学生的课堂行为，但问题必须丰富多彩，意味深长。运用模式控制、目标控制和评价控制等控制方法，培养学生自我控制的能力。随机应变，提高课堂应变技巧，合理运用注意转移法、随机发挥法、宽容法、幽默法、设疑法等方法灵活处理课堂教学中的偶发事件。从实际出发，围绕教学目标，多为学生创设积极有效的教学情境，把知识变成问题，把过程变成探究，把练习变成合作，把检测变成竞赛，从而引发学生的好奇心，激起学生的求知欲望，点燃学生的学习热情，把课堂还给学生，让学生带着急切的心情投入到新知识的探索中；这样，课堂就变成了生动的课堂、精彩的课堂、互动的课堂、创新的课堂。

（二）提高课堂时间管理的有效性

课堂时间管理是教师管理能力的重要方面，教师课堂时间管理的效率直接影响到学生的学习效率，进而影响到学生的学业成绩。因此，教师要通过有效的课堂时间管理，确保个体差异被考虑到，学生都能够高效地利用课堂时间，高质量地完成学习任务。课堂时间管理是对课堂单位时间的合理分配、利用，做好课堂时间管理是为了顺利、高效地完成课堂教学目标。课堂时间管理包含三个方面：第一，教师要具备教学时间的管理理念，合理分配既定教学时间，充分有效地利用学生集中注意力的时间；第二，教师要熟知学生的个人能力倾向，做到因材施教，减少在同步教学中因学生的个体差异而造成的无谓时间消耗，如同样的教学内容和同样的教学时间，个人能力强的学生会感到时间多余，而个人能力弱的学生则感到时间不足；第三，教师要努力提高自身的教学水平，延长学生乐于学习的时间。

教师要做到有效地利用好有限的时间完成教学目标，应从以下几个方面着手：

1. 科学、合理地分配教学时间

一节课，教师要合理分配时间，留给学生较充足的学习时间，要注意把握好时间的"度"。与此同时，所有的课堂活动，教师都应引导学生围绕教学目标进行，减少课堂管理、组织教学的时间。课堂管理的目的是保障课堂教学的顺利进行，如果教师将过多的时间用在了组织教学和课堂管理上，就会挤占学生的学习时间,学生的学习效果就会大打折扣。

2. 学生专注学习的时间要得到有效保障

学生专注学习的时间对学习效果有着决定性作用,教师应通过设置悬念,进行生动形象的教学,充分调动学生学习的积极性,培养学生的课堂学习注意力,促使学生的课堂时间尽可能多地转变为专注学习时间。

3. 无谓消耗的教学时间要最小化

教师要确保课堂时间的高效利用,必须减少一切与课堂教学无关的时间消耗。具体而言,一节课开始,要使学生迅速进入学习状态,尽量减少教学活动的过渡时间。教师应恰当地安排不同教学环节,课堂节奏紧凑有序,以免浪费课堂教学时间。此外,教师要提前做好各种课前准备工作,以保障教学活动的顺畅。

4. 既定教学时间利用要高效

教师要善于把握最佳教学时间,关注每个学生的最近发展区。学生在课堂上的学习是一个不断获得并加工信息从而不断调节、完善认知结构的过程。课堂信息量过少,环节松散,会导致时间的浪费;信息量过多,密度过大,超越学生的接受能力,学生因不能吸收消化而有挫折感,会使其丧失学习信心,教学效益自然低下,也是浪费时间。因而,教师要采取分层教学,注重学生的个体差异,保证不同程度的学生都能够获得能力的发展。

(三)提高课堂组织的有效性

良好的课堂气氛,能使学生学得轻松,学生思路开阔。积极、良好的课堂氛围应该是教师全身心投入,学生全神贯注,师生之间交流融洽,学生的思维活跃,教学效果良好。这就要求教师通过一定的有效的方式方法,营造出一种民主、和谐的课堂氛围,进而提高课堂管理的效率。教师应做到以下几个方面:

1. 注意教学方法的创新

教学有法,但无定法。在教学中使用新的方法,能够调动学生的无意注意,教学中发人深省的提问、巧妙的板书设计、新颖的直观图示,无不具有引人入胜的魅力。

2. 注重培养学生学习的兴趣

兴趣是最好的教师，学生有了兴趣，就会积极主动地去学习，学习中遇到了难题，就会想方设法去思考、去解决，学习就会转化为学生内在的需求。精彩的课堂导入可以激发并培养学生学习的兴趣。通过巧设悬念、名人名言、名人轶事、时事热点问题等方法导课可以创设情境，引人入胜。此外，教师的课堂提问、课堂教学环节设计、合作探究式学习等，都可以激发和培养学生的学习兴趣。

3. 注意赏识、鼓励学生

欣赏、激励能够开发人的潜力，教师应把赏识的教学理念运用到实际的活动中。营造良好的课堂气氛的方法不胜枚举，最重要的是教师要充分发挥主导作用，转变教学观念，优化课堂结构，充分调动学生学习的积极性，利用良好的课堂气氛取得最佳的教学管理效果。

（四）提高课堂规则制定的有效性

如何维持课堂秩序，如何掌握课堂秩序的"度"，一直都是摆在大多数教师面前的挑战。课堂规则是学生进入课堂和参与课堂各项活动应遵守的一种规范，课堂规则是课堂管理中最普遍、最经常遇到的问题。师生进入课堂，就不可避免地会涉及课堂中的规则，并自觉不自觉地受到课堂规则的影响。活动必须有规则，有了规则，活动才会有序和有效，形成心理上的稳定感；规则可以极大地体现师生的主体性、创造性和教育性，提高课堂管理效率；规则可以重树教师管理课堂的威信，产生积极的教学效益。制定课堂规则前，教师要和学生一起讨论为何要制定全体学生一致遵守的课堂规则，讨论的主题应围绕学生遵守这些课堂规则得到的益处展开。制定课堂规则要在观察学生表现的基础上，针对性地提出初步方案，并组织学生共同讨论。

学生应一致遵守由全班共同认定的行为标准，这样做不仅是为了符合民主程序，更在于让学生了解规则制定的价值意义，了解规则的内涵，进而实现认同、接纳、内化，成为自觉的行动。教师应做到以下几个方面：

1. 减少组织教学的时间

课堂上，组织教学的时间过多就会造成学生的学习时间相应减少。每节课不需要重复地组织教学，过分强调注意事项，教师之所以反复强调，是因为学生还没有形成规矩，养成习惯，因而做得还不是那么好。一旦有了好的规则，学生又通过训练掌握了规则，这些时间是完全可以节省下来的。因此，高效的课堂一定要制定有效的规则，并且让学生适应并遵循这些规则。

2. 提高学生学习的效率

有了明确、细致的课堂规则，学生熟知课堂教学环节的程序安排和学习要求，即使教师组织得不到位，学生也会知道如何按既定的要求进行活动，不会出现学生不知所措的情况。此外，课堂上许多学生接到教师的指令之后，总要思考一段时间再开始行动，进入状态比较慢。出现这种情况，教师要通过规则对学生加以约束，让学生明白，如果教师发出指令后不立即行动是违反规则的行为，还需要通过专门的强化训练，使学生形成对指令快速做出反应的条件反射。

3. 创造良好的学习环境

在良好的学习环境中，师生人际关系是平等、自主、和谐的，充满心理安全感，有积极向上的情感态度。只有制定好规则，在规则面前人人平等，学生才能最大限度地发挥个人的主观能动性。规则的作用之一在于强化课堂行为，理想的状态是把规则逐步内化为学生的自觉行动，而当学生专注于应该做的事情的时候，也就无暇于不该做的事情了。积极向上的学习环境自然生成，在这样的环境下，每个学生都会产生积极的学习动机，掌握学习的主动权。

4. 提高学生的道德水平

制定规则不是为了抓住学生的错误，对他们进行惩罚，而是为学生检查自己的行为提供指导或参照。如果没有这样的观念作为指导，规则就会沦为对学生制裁的辅助工具，而不是对学生教育的有效手段。从提高学生道德水平的角度而言，理解规则比执行规则更为重要。当有违反规则的行为发生后，教师应该帮助犯错误的学生分析发生行为的动机以及该行为会产生的后果，让学生更加深刻地理解规则。

五、小学教师课堂教学组织的实例

以"非物质文化遗产传承教育：毛毡画"课程大纲为例，具体讲解组织课堂教学的具体内容。

（一）课程信息

课程编号：012362

课程名称："非物质文化遗产传承教育：毛毡画"

学分/学时：1/32

（二）课程教学目标

（1）课程简介。"毛毡画"为非物质文化遗产传承教育课程。课程的目的是使学生从传统文化角度了解毛毡的发展历史，认识传承毛毡画艺术的文化价值、历史价值、艺术价值，通过理论学习与实践操作，学习并初步掌握毛毡画制作技巧及基本理论、基本领会毛毡、针毡及湿毡的基本原理（过程），最终把传统的毛毡技术与相关的理论运用于实践，提升实践能力与创新能力，为学生今后的持续学习奠定基础（结果）。

（2）课程具体目标。

1）全面了解毛毡的发展历史，认识传承毛毡画的价值，全面领会毛毡、针毡及湿毡的基本原理，建立文化自信，树立正确的理想信念，努力成为"四有"教师。

2）形成良好的学习毛毡画的兴趣和爱好，稳固的非遗传承思想，热爱毛毡文化，地方文化，积极培养中华民族共同体意识，扎根边疆。

3）理解地方艺术理念，掌握毛毡画的制作方法和技巧，能够运用基本的羊毛毡制作技艺来进行毛毡画的临摹及创作，形成正确的审美品格。

4）掌握毛毡画与课程的对接方法，提高实践能力与拓展创新能力，加深对传统文化的深入理解。能够将毛毡艺术运用到实践当中，增强设计、组织文化教育活动的能力，提升学生的综合素养。

（三）课程教学内容

（1）课程学习内容与课程目标的关系。如表3-1所示。

表3-1　课程学习内容与课程目标的关系

课程内容	教学方法	支撑的课程目标	学时安排
绪论	讲授法、讨论法、作品分析法	课程目标1	1
毛毡画制作的工具材料 第一章	讲授法、讨论法、示范法	课程目标1 课程目标2 课程目标3 课程目标4	1
第二章 针毡技法	讲授法、示范法、作品分析法、实践法	课程目标1 课程目标2 课程目标3 课程目标4	10
第三章 湿毡技法	讲授法、示范法、作品分析法、实践法	课程目标1 课程目标2 课程目标3 课程目标4	10
第四章 干湿结合法	讲授法、示范法、作品分析法、实践法	课程目标1 课程目标2 课程目标3 课程目标4	10
合计			32

（2）具体内容。

绪论

【学习目标】

1．认知类目标：理解羊毛毡的概念，了解羊毛毡技艺的发展。

2．过程与方法类目标：了解羊毛毡制作的过程与基本制作方法。

3．情感、态度、价值观类目标：通过了解羊毛毡技艺及制毡人的智慧，增强文化自信，提高审美修养。

【学习内容】

1．关于羊毛毡。

2. 蒙古民族羊毛毡技艺的发展（简介）。

3. 羊毛毡作品欣赏。

【重点】

羊毛毡技艺的产生和发展。

【难点】

羊毛毡技艺发展的特点。

【教学方法】

1. 通过多媒体课件与传统讲授相结合，理解羊毛毡的概念，了解羊毛毡技艺在呼伦贝尔的历史传承和发展以及羊毛毡制作的过程和发展过程及其发展趋势。

2. 通过小组讨论，初步认识羊毛毡艺术对地方文化艺术发展的意义。

3. 通过作品欣赏与教师讲授，明晰羊毛毡的分类、基本特征和发展脉络。

【复习思考】

1. 何为羊毛毡？

2. 羊毛毡的发展脉络是怎样的？

第一章　制作毛毡画的工具材料

【学习目标】

1. 认知类目标：了解毛毡画发展的历史过程及现代毛毡画的表现技巧和表现形式。

2. 过程与方法类目标：了解毛毡画的设计原则和制作的具体要求。

3. 情感、态度、价值观类目标：丰富视觉、触觉和审美经验，增强文化认同感。

【学习内容】

1. 毛毡画发展的历史。

2. 现代毛毡画的表现技巧和表现形式。

3. 制作毛毡画的各种工具材料的种类与用途。

4. 毛毡画的设计原则和制作的具体要求。

【重点】

制作毛毡画的各种工具材料的种类与用途。

【难点】

1. 毛毡画的设计原则和制作的具体要求。

2. 羊毛毡毡化技巧。

【教学方法】

1. 通过多媒体课件与传统讲授相结合，了解毛毡画发展的历史过程及现代毛毡画的表现技巧和表现形式，明确毛毡画制作的各种工具材料的种类与用途。

2. 通过教师示范、小组讨论和范例作品分析，总结出毛毡画制作的方法和技法要点。

【复习思考】

1. 毛毡画发展的历史过程是怎样的？

2. 制作毛毡画的各种工具材料的种类与用途是什么？

第二章 针毡技法

【学习目标】

1. 认知类目标：了解针毡需要的工具使用方法及毡化方法。

2. 过程与方法类目标：学习针毡的基本表现技法。能够运用戳、剪等技法进行形象的表现。

3. 情感、态度、价值观类目标：培养学生耐心细致的良好习惯，提高手工制作技能和观察能力。感受羊毛毡的美，在学习的过程中，养成对非遗事业的热爱。

【学习内容】

1. 针毡工具材料与使用方法。

2. 针毡毡化方法。

3. 学习针毡的基本表现技法。

【重点】

1. 针毡工具材料与使用方法。

2. 毡化方法。

【难点】

针毡的基本表现技法。

【教学方法】

1. 通过多媒体课件与传统讲授、教师示范相结合，了解针毡需要的工具使用方法及毡化方法。

2. 通过教师讲授示范、范例作品分析、实践练习，学习针毡的基本表现技法。

【复习思考】

1. 针毡需要的工具使用方法及毡化方法是什么？

2. 针毡的基本表现技法是什么？

第三章 湿毡技法

【学习目标】

1. 认知类目标：了解羊毛毡湿毡技法的工具及其使用方法。

2. 过程与方法类目标：依据毛毡毡化规律，养成正确的毡化技法习惯。掌握湿毡的基本表现方法，能够按自己的方式进行表现。

3. 情感、态度、价值观类目标：体验美的不同形式，感受羊毛毡艺术的魅力，培养学生热爱羊毛毡艺术、非遗艺术的思想情感。

【学习内容】

1. 羊毛毡湿毡技法的工具及其使用方法。

2. 湿毡的基本表现方法。

3. 湿毡技法毛毡画制作。

【重点】

1. 羊毛毡湿毡技法的工具及其使用方法。

2. 湿毡的基本表现方法。

【难点】

湿毡技法毛毡画制作。

【教学方法】

1. 通过多媒体课件与传统讲授相结合，明确羊毛毡湿毡技法的工具及其使用方法。

2. 通过教师示范和作品分析，学习并掌握湿毡的基本表现方法和湿毡技法毛毡画制作。

【复习思考】

1. 何为湿毡？

2. 湿毡与针毡的区别是什么？

3. 湿毡技法毛毡画的制作方法是什么？

第四章　干湿结合法

【学习目标】

1. 认知类目标：了解羊毛毡干湿结合法的工具及其使用方法。

2. 过程与方法类目标：依据毛毡毡化规律形成正确的毡化技法习惯。掌握干湿结合法的基本表现方法，能够按自己的方式进行表现。

3. 情感、态度、价值观类目标：感受羊毛毡艺术的魅力，培养学生热爱羊毛毡艺术、非遗艺术的思想情感。

【学习内容】

1. 羊毛毡干湿结合法的工具及其使用方法。

2. 干湿结合法的基本表现方法。

3. 干湿结合法毛毡画制作。

【重点】

1. 羊毛毡干湿结合法的工具及其使用方法。

2. 干湿结合法的基本表现方法。

【难点】

干湿结合法毛毡画制作。

【教学方法】

1. 通过多媒体课件与传统讲授相结合，明确羊毛毡干湿结合法的工具及其使用方法。

2. 通过教师示范和作品分析，学习并掌握干湿结合法的基本表现方法和湿毡技法毛毡画制作。

【复习思考】

1. 何为干湿结合法？

2. 干湿结合法的优点体现在哪里？

3. 干湿结合法毛毡画的制作方法是什么？

（四）考核方式与成绩评定

（1）考核方式与课程目标的关系。如表3-2所示。

表 3-2 考核方式与课程目标的关系

课程目标	考核内容	所属章节	占比	考核方式	评价依据
全面了解毛毡的发展历史，认识毛毡画的价值，全面领会毛毡针毡及湿毡的基本原理，建立文化自信，树立正确的理想信念，努力成为"四有"教师。	1.羊毛毡技艺的发展。 2.毛毡画发展的历史。 3.毛毡画设计原则和制作具体要求。 4.针毡技法及湿毡技法、干湿结合法制作的基本原理。	绪论 第一章 第二章 第三章 第四章	12%	课堂表现	对毛毡、毛毡画制作相关知识的掌握程度以及回答问题的成绩。
形成良好的学习毛毡画的兴趣和爱好，稳固的非遗传承思想，热爱毛毡文化、地方文化。养成良好的师德规范，积极培养中华民族共同体意识，扎根边疆。					

续表

课程目标	考核内容	所属章节	占比	考核方式	评价依据
理解地方艺术理念，掌握毛毡画的制作方法和技巧，能够运用基本的羊毛毡制作技艺来进行毛毡画的临摹及创作，形成正确的审美品格，理解传统文化在小学教育工作中的意义与价值。	1.针毡工具使用方法及毡化方法。	第一章 第二章 第三章 第四章	12%	课堂练习	课堂练习的参与程度和质量。
	2.湿毡技法的工具及其使用方法。 3.干湿结合法的工具及其使用方法。 4.能够运用针毡法、湿毡法、干湿结合法进行形象的表现。		36%	阶段作品创作	毛毡画作品作业的技法运用和作品质量（湿毡法）。
掌握毛毡画与课程的对接方法，提高实践能力与拓展创新能力，加深对传统文化的深入理解。能够利用毛毡艺术增强设计、组织文化教育活动的能力，提升学生的综合素养。	1.学习针毡的基本表现技法。能够运用戳、剪等技法进行形象的表现。 2.依据毛毡毡化规律形成正确的毡化技法习惯。掌握湿毡法的基本表现方法，能够按自己的方式进行表现。 3.依据毛毡毡化规律形成正确的毡化技法习惯。掌握针毡法的基本表现方法，能够按自己的方式进行表现。	第二章 第三章 第四章	40%	课堂练习和期末考核	课堂练习、毛毡画作品的技法运用和作品质量（干湿结合法）。

（2）成绩评定。

1）考核方式。本课程考核方式分为过程考核（平时考核、阶段考核）和期末考核，将终结性评价与形成性评价相结合。过程考核包括课堂表现、课堂练习、阶段作品制作、结课作品制作等；课终考核采用结课作品制作的形式。

2）平时成绩评定（100分）。

课堂表现（100分）：通过学生自主查阅资料预习、复习以及小组讨论等形式，查阅相关资料，由教师随机抽取学生回答，发展学生的自主学习意识并使其掌握毛毡、毛毡画制作的相关知识。

评分标准：依据学生的个人表现进行具体分数的统计。

课堂练习（100分）：通过课上学生的练习反馈，学习和掌握毛毡画制作的基本方法，考查学生对毛毡画制作相关技法的掌握情况，发展学生的实践能力。

评分标准：

①题材：新颖独特，主题突出，具有创新意识，作品符合小学教育实际工作需求。（20分）

②技法：制作精细，结构合理，色彩丰富得当，造型生动形象，作品具有完整性。（20分）

③效果：美观大方，体现教育特点，富有教育意义，具备小学教育教学活动实际应用价值。（20分）

④材料：运用合理，能凸显材料特性。（20分）

⑤特色：富有民族、地区文化特色或充满童趣。（20分）

3）作品创作（100分）：阶段性的作品制作——毛毡画制作。学生运用湿毡技法尝试制作不同主题的毛毡画作品，发展实践能力和创新能力。

评分标准：

①题材：新颖独特，主题突出，具有创新意识，作品符合小学实际工作需求。（20分）

②技法：制作精细，结构合理，色彩丰富得当，造型生动形象，作品具有完整性。（20分）

③效果：美观大方，体现教育特点，富有教育意义，具备小学教育教学活动实际应用价值。（20分）

④材料：运用合理，能凸显材料特性。（20分）

⑤特色：富有民族、地区文化特色，或充满童趣。（20分）

4）期末成绩评定（100分）。期末考试通过毛毡画制作，综合考察学生对毛毡画制作的基本知识、基本方法的理解和掌握情况，考察运用相关理论知识和干湿结合法制作毛毡画等。

评分标准：

①内容积极向上、紧扣主题，设计思路清晰。（20分）

②具有教育性和创新意识。（20分）

③布局合理、整体协调、富有美感。（20分）

④资源和材料使用的多样性和表现形式的多样化。（20分）

⑤富有民族、地区文化特色，或充满童趣。（20分）

课程目标与评分标准的对应关系。如表3-3所示。

表3-3　课程目标与评分标准的对应关系

课程目标	评分标准			
	90~100	80~89	60~79	0~59
	优	良	中/及格	不及格
课程目标1	全面了解毛毡的发展历史，认识传承毛毡画的价值，全面领会毛毡、针毡及湿毡的基本原理，建立文化自信，树立正确的理想信念，努力成为"四有"教师。	能够了解毛毡的发展历史，认识毛毡画的价值，能够领会毛毡、针毡及湿毡的基本原理，建立文化自信，树立正确的理想信念，努力成为"四有"教师。	基本了解毛毡的发展历史，认识毛毡画的价值，基本领会毛毡、针毡及湿毡的基本原理，建立文化自信，树立正确的理想信念，努力成为"四有"教师。	未了解毛毡的发展历史，不能全面认识毛毡画的价值，未领会毛毡、针毡及湿毡的基本原理，未建立文化自信，未能树立正确的理想信念，对成为"四有"教师没有努力。

续表

课程目标	评分标准			
	90~100 优	80~89 良	60~79 中/及格	0~59 不及格
课程目标2	形成良好的学习毛毡画的兴趣和爱好,稳固的非遗传承思想,热爱毛毡文化,地方文化。养成良好的师德规范,积极培养中华民族共同体意识,扎根边疆。	初步形成良好的学习毛毡画的兴趣和爱好,稳固的非遗传承思想,热爱毛毡文化,地方文化。初步养成良好的师德规范,培养中华民族共同体意识,扎根边疆。	基本形成良好的学习毛毡画的兴趣和爱好、非遗传承思想。基本养成良好的师德规范,培养中华民族共同体意识,扎根边疆。	未形成良好的学习毛毡画的兴趣和爱好,以及稳固的非遗传承思想。未养成良好的师德规范。
课程目标3	能够理解地方艺术理念,熟练掌握毛毡画的制作方法和技巧,能够熟练运用基本的羊毛毡制作技艺来进行毛毡画的临摹及创作,形成正确的审美品格,能够理解传统文化在小学教育工作中的意义与价值。	初步理解地方艺术理念,初步掌握毛毡画的制作方法和技巧,能够运用基本的羊毛毡制作技艺来进行毛毡画的临摹及创作,形成正确的审美品格,能够初步理解传统文化在小学教育工作中的意义与价值。	基本理解地方艺术理念,基本掌握毛毡画的制作方法和技巧,能够运用基本的羊毛毡制作技艺来进行毛毡画的临摹及创作,形成正确的审美品格,能够基本理解传统文化在小学教育工作中的意义与价值。	不理解地方艺术理念,未掌握毛毡画的制作方法和技巧,不能够运用基本的羊毛毡制作技艺来进行毛毡画的临摹及创作,未形成正确的审美品格,不能够理解传统文化在小学教育工作中的意义与价值。
课程目标4	熟练掌握毛毡画与课程的对接方法,提高实践能力与拓展创新能力,加深对传统文化的理解。能够利用毛毡艺术增强设计、组织文化教育活动的能力,提升学生的综合素养。	掌握毛毡画与课程的对接方法,提高实践能力与拓展创新能力,加深对传统文化的深入理解。能够初步利用毛毡艺术增强设计、组织文化教育活动的能力,提升学生的综合素养。	基本掌握毛毡画与课程的对接方法,提高实践能力与拓展创新能力,加深对传统文化的深入理解。基本能利用毛毡艺术增强设计、组织文化教育活动的能力,提升学生的综合素养。	未能掌握毛毡画与课程的对接方法,未能提高实践能力与拓展创新能力,未能加深对传统文化的深入理解。不能够利用毛毡艺术增强设计、组织文化教育活动的能力,未能提升学生的综合素养。

下图为小学教师组织课堂教学模拟训练的实例。

第三节　小学教师的实践活动组织能力的培养

综合实践活动课程作为一门国家必修课程，没有传统意义上的"教材"，即使有"资料包"，也不能按照传统方法进行讲授，教师必须引导学生共同设计。设计前必须做大量准备，包括为了解学生、课程资源所做的调查及相关条件的准备，教师自身相关知识能力的准备，这是综合实践活动设计的基础工作，也是综合实践活动获得成功的前提条件。实践活动是新课改催生的新的课程形态，充分回应了素质教育的现实要求，遂成为新课改的一个亮点。优质的课堂活动能够引领高品质的学科教学，因此，教师实施教学时，要优化导入活动和实践活动，创新课程的教学形式，从而焕发课程的魅力。

一、主题确定阶段的组织形式与教师指导
（一）从实践活动中发现问题
综合实践活动的主题来源于学生的问题，而问题则来源于三个方面：①学生的兴趣。在综合实践活动指导之前，教师要充分地关注学生感兴趣的话题。教师可以从平时的观察中，将学生的兴趣汇集起来，从中选择受关注

面比较大的话题，作为综合实践活动的问题。②学生的生活经历。在学生生活经历中处处蕴藏着问题。为此，综合实践活动指导教师要积极引导学生认真体验身边的事和物，这样就能提出许多问题。③学生对周围环境的观察与思考。具体包含以下五个方面：

第一，引导学生留心观察，体验自身生活，形成问题意识。教师引导学生留心观察周围的生活，逐步培养学生的问题意识。如教师可通过调查问卷的形式，了解学生的兴趣方面，帮助学生确立主题。

第二，开设问题讨论会，提供使学生提出自己感兴趣或关注的问题的机会。

在实施综合实践活动的过程中，教师应当鼓励学生多观察生活，善于在生活中发现问题，提出自己认为有意义的活动主题。教师及时召开讨论会，让学生提出自己感兴趣的问题。

第三，开展自己感兴趣的社会调查，在实践情境中发现问题、提出问题。

综合实践活动密切联系学生自身生活和社会生活，培养学生在实践中发现问题、分析问题、提出问题的能力。让学生开展社会调查，了解社会，是产生问题意识的有效途径。在社会调查中，学生可以发现自己好奇的现象，发现不良的社会问题，找出自己不明白的问题，并往往能从中引发出综合实践活动主题。

第四，创设情境，引导学生发现问题、提出问题。学生的问题意识的培养，离不开教师的引导，教师可创设一定的情境，引导学生发现问题。

第五，引导学生随时记录自己提出的问题。在引导学生提出问题的同时，教师还要引导学生随时记录自己提出的问题，可让学生准备一个问题记录本，随时记录自己的问题，还可将发现问题的过程和情景记录下来。

（二）指导学生将问题转化为主题

在第一环节中，有时学生提出的问题很多，但是，并非每一个问题都可作为综合实践活动的主题，教师要引导学生在此环节中将问题转化为研究的课题。一方面，教师可通过教学生学会将问题归类的方式，确定哪些问题可转化为综合实践活动的主题；另一方面，教师还要帮助学生分析主题的价值，通过比较分析的方法，确定最有价值的主题。学生在学习生活中有许多的问题，但并非每个问题一开始都能成为探究的主题。

二、活动策划阶段的组织形式与教师指导

活动策划阶段是活动具体的实施过程，也是整个活动过程中不可或缺的部分，在活动策划阶段，教师要指导学生制订合理可行的活动方案，以培养学生的规划能力。规划和设计活动方案，也是学生发展的过程。

活动方案的制订是在教师的指导下，活动成员共同商讨完成的，在制订活动方案时，要注意以下几点。第一，要对学生进行方法教学，撰写计划的基本格式要提供给学生，并且要具体细致。制订活动整体方案时，要力求具体细致，如活动时间的安排、组织形式、人员的分工合作，活动内容、活动总目标和阶段目标，都要一一细化，便于在活动中有的放矢。第二，要组织学生讨论每个小组的计划是否确实可行。有时学生确定的活动方案只是为了达到活动目的，而缺乏对主客观因素的充分估计与分析，这样制订出来的方案不具有可操作性，无法保证活动的顺利进行。因此，教师要对活动从人力、物力、财力、时间等多方面进行审视，并适时给予相应的指导。综合实践活动是跨学科的、网络式的，要求指导教师知识面广，实践能力强，能从多个角度看问题。在制订活动方案时，学生可以邀请一些与活动有关的其他学科的教师、社会人士、学生家长等作为活动的指导者来参与活动。制订活动方案时，要考虑学生的能力范围；要关注小组成员的特点，根据他们的优势、特长分配任务。

（一）指导学生了解活动方案的格式

活动方案的基本要素：主要包含以下几个方面：

第一，主题的题目。主题的标题应准确、简洁、具体、新颖，能反映研究的学生、范围和研究方向，一般最多不超过10个汉字（包括标点符号）。

第二，研究目标。即为何要研究，解决何种问题，有何理论意义与实践意义。

第三，主要研究内容。阐明本课题所要研究的具体问题和范围，真正找到课题研究的切入口，较大型的课题还必须列出所包含的子课题。

第四，研究方法。根据研究内容选择研究方法，常见的研究方法有：观察法、实验法、调查法、文献资料法、比较法等。有的课题需要采用多种研究方法，同一课题可以采用不同的研究方法。

第五，研究步骤和时间安排。列出完成研究内容的步骤，标明具体在何时完成。

第六，本课题已具备的工作基础和条件。主要包括课题组成员组合的合理性、研究工作的资料准备和研究手段。

第七，课题成果的形式及使用去向。常见的研究成果形式有：实验报告、调查报告、研究论文等。说明成果的使用去向和范围。

第八，课题组成员分工。对课题组成员进行明确的、具体的分工，使之明确各自的工作职责。一般而言，方案都采用表格式。教师要注意在活动开始前进行方法指导，教学生制订格式规范的活动方案（也称活动计划书、活动计划）。活动方案中要确定好参加本次活动的人员、组长的名单。根据活动的需要，学生还可以找一位指导教师，以便解决活动中可能遇到的而自己又不能解决的问题。指导教师的职业可以是各行各业的。活动的地点、形式应根据活动的主题来确定。可变换不同的地点和形式。活动中所要用到的任何物品都可能成为活动的辅助工具，要充分地利用这些辅助工具。

（二）指导学生明确活动方案撰写要求

第一，内容要清楚、翔实。在活动方案中，"活动内容"一栏要写清楚活动的具体内容有哪些。也可以分步骤把活动的各个环节写出来。在多数情况下，可以把活动内容和分工安排在同一栏里，合并为"活动内容及分工"。

第二，分工要细致、具体。小组的分工很重要，它关系到活动的每一个环节的落实。活动中的事情具体由谁负责，哪些事情由哪些同学合作完成，都要在方案中体现。这样，活动结束时也便于总结、检查每个同学完成活动任务的情况。

第三，目标要明确、全面。在制订活动方案这一环节中，活动目标的确定最为重要，它直接影响到活动的成败。综合实践活动的课程目标是发展学生的综合实践能力、创新精神和探究能力，增强学生对自然、对社会和对自我的责任感。但对具体的活动项目和活动主题而言，应有具体的活动目标。学生在确定活动目标时，往往重视技能目标、知识性目标，容易忽略情感目标。教师如果发现这一问题，一定要对学生进行适当的启发，及时加以引导。

（三）指导学生积极加入各种社团

"巧手艺族"民族手工艺社团初创时间为2014年9月，本社团主要以剪纸、太阳花、羊毛毡、皮雕、哈尼卡等具有北方三少民族风属性的手工艺为主。2017年入驻呼伦贝尔学院的创业园，同年入选自治区创业孵化团队。本社团为探寻手工艺的乐趣与美，每学期都会开展一次有主题的井盖涂鸦活动和一次期末作品展。多次组织社团成员参加寒暑期三下乡、寻找百强社团、全国青少年书画网络大赛，并荣获"优秀志愿团队、优秀实践团队、优秀社团"的称号，在呼伦贝尔学院第三届"学业职业规划及创业计划大赛"中荣获二等奖、"建行杯"第四届内蒙古自治区"互联网+"大学生创新创业大赛优秀奖、第五届内蒙古自治区"互联网+"大学生创新创业大赛呼伦贝尔学院校赛优秀奖。自成立以来，社团开展了各种不同的活动，深受广大学生和教师的好评。

社团致力于弘扬内蒙古民族优秀传统文化，以学习北方少数民族传统手工艺、非物质文化遗产为主，在活动中培养学生创新能力、创新思维和动手能力。多年来曾先后组织成员参加"寻找百强社团"活动，全国青少年书画网络大赛，第二届、第三届井盖涂鸦，呼伦贝尔学院60周年庆等多个比赛和活动，并获得内蒙古自治区"互联网+"大学生创新创业大赛优秀奖、优秀实践团队、优秀志愿者团队、优秀社团等多项荣誉。社团在传播内蒙古民族优秀传统文化的同时，丰富校园生活，培养学生创新理念，在第二课堂活动中发挥了重要作用。

【案例：活动策划指导实录】

一、谈话激趣，案例导入

每个主题活动小组除了选好了活动主题外，接下来的关键就是做好充分的活动准备，如：活动的时间、地点、活动人员、分工、活动内容、辅助性的工具等。这些内容可以综合罗列好，这就是活动计划。一份详尽的活动计划是完成好活动的前提条件，也是我们同学活动的行动指南。有了完备的活动计划，就能使活动有条不紊地进行，发挥事半功倍的作用。

二、出示部分活动计划，学习活动计划的撰写格式

（1）出示部分活动计划，学生认真观看。

（2）学生谈各自的看法。

（3）教师引导抓住活动计划的关键：内容明确，项目及其要求明晰，对活动有导向作用。

（4）学习活动计划的撰写格式。

（5）提示重点：

a.活动计划内容应详尽，但语言要精练。活动的内容应用简明的文字写清楚。

b.活动组成员分工应明确，发挥各自的特长爱好。如：不善于言谈的同学可进行资料的收集、整理等工作，而外向的同学可进行调查采访这样需要沟通的工作。

c.计划书分为小组活动计划书和个人活动计划书。组长应先与各位组员达成共识，撰写好小组活动计划书，各小组成员再根据各自的分工、活动任务撰写好个人活动计划书。

d.撰写活动计划时，小组成员应相互尊重各自的意见或建议，对于自己

不赞同的想法，不要用"我不同意""这样不行"等语言回复别人，建议用"我不太认同你的想法"或"你看这样好不好"等亲切的话语，这样能使气氛融洽，避免产生误会。

三、学生开始撰写活动计划

四、将活动计划与其他组交流

（1）学生开始自由讲述计划内容，组与组之间互相交流。

（2）对其他组的活动计划提建议。

（3）教师根据学生的具体表现情况分析，指出存在的问题，共同探讨下一步活动的步骤。

五、教师小结：

小组间的交流是互相学习的一个过程，要在认真倾听他人的活动计划的同时，既吸取他人计划中的闪光点，在此基础上不断创新，并融合成为自己的想法，还要学会对他人的不足之处提出自己独到的见解，取长补短，这样才能使各自的计划更完善，活动时才会更顺利，活动的效果才会更理想。希望同学们能认真听取他人的意见，将自己的独到见解与大家分享，让活动圆满成功。

在活动的策划阶段，教师的指导应重点围绕如下方面展开：

（1）学生进行活动策划。这一阶段的活动策划主要是在小组之内进行讨论。在此期间，学生要进行小组分工，完成活动计划。为了帮助学生将活动计划做得较规范，在起始阶段，教师要对各个小组给予一定的方法指导。如，提供撰写活动计划的表格。

（2）学生将其所在小组的方案计划在全班汇报交流。在此环节中，学生小组派出学习小组长，将本组活动策划在全班汇报，与其他同学交流。

（3）学生针对各小组方案计划情况展开讨论。学生分组汇报本组的活动策划后，教师要组织学生对每组的活动计划进行讨论。论证方案的可行性，帮助完善活动计划。

（4）学生根据讨论情况完善计划。此环节在学生小组之间进行。主要让学生在与人交流的基础上，学习其他小组的方法，反思自己计划的不足，进一步完善计划。

（四）指导学生积极参与实践活动

1. 活动主题

"小小石榴籽，呼院团结情"。

2. 设计思路

通过主题活动与课堂教学、社团活动相结合，创新拓展引导式、启发式党课教育模式，来解决党史教育参与质量不高的现实问题。本次主题活动立足课堂，在社团活动中培养学生的创新能力、创新思维和团队协作能力，与此同时，以一项技艺、一幅作品为切入点，深入开展中华民族共同体意识教育，争做民族团结石榴籽，铸牢中华民族共同体意识。

3. 具体组织及实施过程

随着素质教育的推进和第二课堂成绩单制度的推广，大学生的学习方式和生活方式发生了很多变化。高校第二课堂是大学教育不可或缺的育人环节，是一种具有开发性的思想教育、情感教育、意志教育、道德教育和人的全面发展教育。学生通过参加社团活动重新发现自己的兴趣所在，找到自己没有挖掘的潜能，释放自己隐藏的天性，重新找到自信，找到奋斗的方向。教师将课程思政融入课堂，在社团活动中起到思想把握、专业引领和技术指导的作用，能使学生树立正确的国家观、历史观、民族观。

（1）作品1：《丝绸之路》。

创作时间：2020年11月23日—2021年5月25日

地点：呼伦贝尔学院艺术楼412画室

内容简介：

丝绸之路是沟通东西方的重要途径，是我国人民同国外进行政治、经济、文化交流的桥梁和纽带，具有文化意义、经济意义和民族意义。通过湿毡与针毡相结合的方式，将路线和主要交通工具——"驼队"用剪影的针毡技法很好同沙漠背景毡化在一起；用米珠突显经过的地点；用三朵花寓意丝绸之路鲜花盛开，同时也代表着文化、经济和民族三重意义。

创作团队：教师吴怡、王妍、姜明红，学生刘立娟、樊永春等6人。

（2）作品2：《五十六个民族同举爱国旗》。

创作时间：2021年4月3日—2021年5月15日。

地点：呼伦贝尔学院艺术楼。

内容简介：

象征着56个民族的人物手举国旗，表达爱党情，爱国情。制作成长幅卷轴，寓意中华文化源远流长，五千年的地方文化犹如一条生命的长河。各族人民在灿烂的阳光下，沐浴着新世纪的春风，浸润着新时代的阳光。为神州腾飞风雨无阻，作品畅想了未来的伟大时代，激励着年轻的一代扬帆远航。

创作团队：教师吴怡、王妍、姜明红，学生张瑞婷、刘梦瑶等34人。

第四节　小学美术教师的教学活动组织能力

一、小学美术教师教育活动的价值分析

（一）优化学生的审美情趣

审美是学生发现美、欣赏美、认可美、表达美与创造美的意识与能力，而优化学生的审美情趣，提升学生的艺术鉴赏能力，也是小学美术教育的一项基本任务。扇画就是在扇子上描绘千奇百怪的形态，可再现引人入胜的神话故事，也可描绘自然风光、人物形象。扇画教育与书法又有密不可分的关系，形态多元，能够很好地丰富学生关于美的感受与体会，可以有效优化学生的审美情趣。

（二）提高学生的创新实践力

在小学美术教学过程中组织扇画教学活动，不仅要指导学生全面了解中国扇画艺术的发展史，还要指导学生创作扇画作品。实际上，扇子的购买成本是比较低廉的，学校、大多数家庭都能以较低成本的投入购买一批扇面，让学生在扇子上作画、写书法。在作画时，学生不仅可以模仿自己喜欢的扇画作品，也可自主设计一幅新的扇面、扇画，据此展现自己的创造力与想象力。因此，通过扇画教学指导，学生的创造能力也能得到进一步发展，有利于培养学生的创新素养，进一步提升学生的素质水平。

（三）引导学生传承中华文明

如何指导学生传承优秀的文明成果就成了教学任务中的重要内容，从历史起源来看，扇画的起源可以追溯到尧舜时期，每个时代都有一些文人墨客、艺术家创作的扇画作品。优秀的扇画能让人百看不厌，且蕴藏着丰富的人文内涵。因此，小学美术教师可通过扇画教学渗透传统文化教育任务，指导学生自主鉴赏经典的扇画作品，展现中华文明成果，培养学生的家国情怀，使其形成坚定的文化信念，让学生树立文化自信，使其爱上中华文明。

（四）健全学生的品德意识

"品德教育已经成为各学科的共同任务，小学美术教师同样也要将德育与美育教育结合起来，既要培养学生的艺术修养，也要优化学生的道德素养，全方位地保护学生的身心健康"。古人好作画，也好在扇面上题诗，这些画、诗都体现着古人的心境、情感，也传递着某种理想信念，后人可通过扇画鉴赏去剖析古人的心路历程，结合历史文化资料，便能总结出扇画作品中的人文底蕴。因此，小学美术教师可以组织扇画教学活动，直接利用优秀的扇画作品去实施品德教育，指导学生学习古人的智慧，让学生接受德育熏陶，从而切实提升学生的品德意识，为学生的长远发展做好准备。

总而言之，在小学美术教学过程中组织扇画教学指导活动将发挥多方面的教育作用，教师应重视扇画艺术的教育价值，积极组织扇画教学指导活动，以便逐步丰富学生的精神财富，让学生学会欣赏美、创造美。

二、小学美术教师组织教学活动的策略

（一）整合地区资源，实施美育熏陶

以扇画教学为例，在组织扇画教学活动指导时，最基本的方法是利用现成的扇画作品组织美术鉴赏活动，让学生自主鉴赏扇画作品的艺术美、人文美与文化美，及时培养学生的艺术鉴赏能力，使其积累丰富的美的感受。

因此，小学美术教师要主动开发、整合扇画资源，组织扇画欣赏教学活动，让学生真诚阐述自己在鉴赏扇画作品时的情感变化、心理倾向与思想观点。教师要做到与学生平等对话，以便有效传递美学知识，从而切实渗透美育教育，让学生自愿接受美的熏陶。

中国扇画作品的主题是非常丰富的，而且数量庞杂，应按照每一类扇画的创作主题整理相应的扇画作品，如展现了中国山水画艺术的《秋江客棹》，将美人与美景交融为一体的《花光月影宜相照》，充满童趣与天真的"孩子的梦"，等等。小学美术教师可以利用这些扇画作品，组织美术欣赏活动，让学生认真观赏这些扇画作品，鼓励学生自主表达欣赏观点。在此过程中，学生会产生很多想法，教师应认真聆听，真诚接受学生所提出的每一种观点，不强迫学生达成共识，也不拔高扇画的创作立意，以免挫伤学生学习的积极性。教师可以利用学生的好奇心组织扇画艺术教学活动，指导学生学习创作扇画作品。

（二）组织美术创作，培养创新意识

以扇画教学为例，在小学美术教学过程中，组织扇画教学指导活动不应停留在理论教学层面，教师需指导学生参加扇画创作活动，丰富学生的实践经历，以便有效培养学生的创新实践能力。因此，小学美术教师要积极组织扇画艺术创作活动，鼓励学生自主设计、制作扇画。面对不同年级的学生，教师也要划分扇画创作活动的难度水平，应以临摹作为切入点，让学生感受制作扇画的实践技巧，初步培养学生的实践能力，进而再组织学生设计、创作能够体现出个人风格的扇画作品，切实培养学生的创新意识，展现学生的艺术创造能力。

在最初组织扇画创作实践活动时，教师应让学生临摹一些经典的扇画作品，选择一些绘画难度较低的扇画，让学生学习在扇面上合理布局各个造型、调整色彩的美术技巧。当学生形成了良好的美术观念之后，组织学生自主设计、创作扇面。扇画艺术是非常开放的，学生不必拘泥于某种主题，完全可以将自己最喜欢的人、事、物画在扇面上，学生可以尝试展现自己的创

作风格。当学生完成了扇画创作之后,组织学生展现创作成果,让学生分享自己的创意,使得同学之间相互欣赏、相互点评。

(三)美术艺术体验,传承文化成果

以扇画教学为例,扇画教学是一种校本课程,以乡土资源为基础,不完全依赖课堂教学,教师可以通过综合实践活动去组织扇画教育,让学生在真实的环境中感受扇画艺术,无形中可以让学生接受文化熏陶,使其真正欣赏扇画艺术。因此,小学美术教师要积极组织扇画艺术实践体验活动,指引学生自觉传承文明成果,不断丰富学生的文化体验,以便进一步落实学科素养教学任务。

为了让学生亲身感受扇画艺术,教师可以通过学校平台与扇画制作工坊的负责人达成合作协议,利用周末空闲时间组织学生到这些工坊参观专业人士是如何设计、制作扇画的。在参观活动中,学生可以看到一幅空白的扇面慢慢被点缀上色彩、画出造型的过程,由此感到神奇、新鲜,便会认真地观看扇画创作过程。在实践中,学生还可以亲自在工坊设计、制作与贩卖扇画,这样不仅可以激发学生对扇画艺术的喜爱之情,也能有效锻炼学生的人际交往能力,有利于使学生成为扇画艺术的传承人。此外,教师还可以组织学生阅读与扇画文化有关的绘本、图书,或者是观看一些影视剧片段,让学生全面了解扇画艺术的发展史。

总而言之,在小学美术教学过程中,组织扇画教学活动可以进一步丰富美术教育内容,有效提升学生的艺术修养水平,让学生自觉传承扇画艺术的文明成果、人文内涵,使其形成高雅的审美品位,稳步提升学生的创新实践力。因此,小学美术教师要正确对待扇画的教育价值,积极组织扇画教学指导活动,既要指导学生欣赏扇画作品,也要组织学生自主设计、制作扇画作品,指导学生参加各种综合实践活动,全方位优化美术教学环境,培养学生的美术素养。

第四章　小学教师语言表达能力的培养

第一节　小学教师语言表达能力的培养

　　教师提高语言表达能力是履行教育职能、提高教学质量的必然要求。教师高度的语言修养是合理地利用课堂时间的重要条件。在一定程度上决定着学生在课堂上脑力劳动的效率。"课堂教学语言是师生之间沟通的桥梁，拥有良好的语言表达能力是对教师最为基本的要求，也是课堂活动可以正常进行的保障"[1]。语言表达能力是教师教学素质与教学水平的重要组成部分，是实现教育目标、完成教学任务、提高教学效果的手段与依托。

　　对于教师而言，无论是授课传播知识、理论、技能，还是指导、辅导学生，都需要用语言表达来实现。因而在一定意义上而言，语言表达能力的强与弱、语言表达水平的高与低决定了教师教学水平的高与低，决定了教学效果的好与差。教师的语言表达能力不强，在其教学过程中，学生将很难听清楚、听懂他讲解的知识、内容，教学效果就很难有保障。而具有良好语言表达能力的教师能将枯燥的内容、抽象的道理讲得深入浅出、通俗易懂、妙趣横生、生动形象，使学生易于理解，愿意接受。不同教师讲解相同的课程内容，其教学效果却大相径庭，原因在于教师的语言表达水平的差异。教师提高语言表达能力需要达到的目标包括：教学语言作为一种专业性的语言，与

---

[1] 朱晶晶．浅谈小学教师美术课堂教学语言设计艺术[J]．中文信息，2017（4）：113.

其他门类、行业的语言相比，具有特殊性，在整个教学过程中，有其自身的规律性与要求。教学是传授知识、理论、技能、经验，开启学生智慧提高学生思维水平的实践活动，要求教师的教学语言要准确、规范、严谨、清晰、明亮、生动、形象，富有感染力，这些是专业教学语言的要求，是教师的教学语言应达到的标准、目标。教师的语言达到了这些标准要求，授课时，学生就能听得清楚，听得明白，理解得透彻，愿意听、喜欢听，这样的语言能激发起学生的学习热情与兴趣。

在教学实践中，一些教师在语言表达上往往存在以下问题：第一，语言不规范，学生听不懂，原因是有的教师普通话讲得不好，导致学生听不懂，跟不上教师的思路；第二，语言表达不清晰，声发含糊，使学生听不清教师在讲哪些内容；第三，语言表达不流畅，语言表达不够清楚；第四，语言逻辑性不强，生搬硬套；第五，语言缺乏色彩，语言呆板、生硬、不生动，缺乏美的色彩与生动形象的感染力，不能激发与调动学生听课的兴趣，让学生感觉乏味。教师在语言表达上存在的问题，制约与影响着教学质量，在进行语言能力训练时应该予以注意与改进。

一、培养教师语言表达能力的意义

第一，教师较强的语言表达能力是课堂取得成功的重要因素。教师较强的语言表达能力能创设情境，激发学生的兴趣。教师的语言修养在一定程度上决定着学生在课堂上进行脑力劳动的效率；教师风趣幽默的语言表达能创设出一种动人的情境，减少学生学习的疲劳，激发学生的学习兴趣，使学生听起课来兴致盎然，有利于学生对知识的理解和掌握。

第二，教师语言表达能力的高低将直接影响学生对知识接受的程度。在教学过程中，学生通过教师的语言表达来系统地、透彻地理解书本知识。学生掌握知识的多少，一方面，受学生个体主观努力的影响；另一方面，教师的语言表达能力也是一个重要因素。教师只有具备较强的表达能力，才能把书面语言转化为学生易于接受的教学语言，才能把深奥的道理形象化，抽象的事物具体化，才能使学生理解和掌握更多的知识。

第三，教师较强的语言表达能力是培养学生多种能力的重要因素。一个人智力的发展和形成概念的方法在一定程度上是取决于语言的，教师的语言表达能力将直接影响学生能力的发展。教师较强的语言表达能力有助于促进学生思维能力、表达能力的发展。语言表达能力强的教师教出来的学生，由于受到了丰富的艺术性教育教学语言的刺激，对事物分析判断的敏感程度高，思维能力较一般学生强，其表达能力较一般学生要高。教师较强的语言表达能力有助于促进学生审美能力的发展。教师在教学中，如果能恰其分地进行富有感情色彩的讲述，那么这种美的语言必能以自身丰富的审美特征吸引学生，使学生在美的语言的熏陶下情感得到陶冶，精神境界得到提升，从而逐渐变成具有审美能力的人。

二、教学对教师语言表达能力的要求

教师在教学过程中应与学生积极互动、共同发展，要处理好传授知识与培养能力的关系，注重培养学生的独立性和自主性，引导学生质疑、调查、探究，在实践中学习，促进学生在教师的指导下主动地、富有个性地学习。教师应尊重学生的人格，充分考虑到个体差异，满足不同学生的学习需要，创设能引导学生主动参与的教育环境，激发学生的学习积极性，培养学生掌握和运用知识的能力和态度，使每个学生都能得到充分的发展。教师应提高素质、更新观念，要从传统的知识传授者变成教学活动的设计者、组织者，以及学生学习过程的参与者、合作者、引导者和促进者。教学过程不应应是教师向学生的单向信息输送，而应该是在师生的沟通中进行。

教师角色的转变、观念的更新在于教师口语的转变。传统的课堂模式所体现出来的是教师在教学过程的绝对统治地位，教师的教学语言多是讲解性的。新课程要求教师的口语的作用主要是组织、指导、激发学生学习，能调控课堂的教学速度和节奏，这就要求教师必须要具备更强的教学口语技能，这样才能较好地完成教育教学任务。

三、培养语言表达能力的途径

语言表达能力的高低是教师综合素质的具体体现，是由多方面因素构成的。教师要想具有良好的语言表达能力，就必须具有广博的科学文化知识、较高的理论水准与哲学修养、深厚的文学修养，同时还要掌握一定的语言发声的知识和技能。

（一）提高理论水准与哲学修养

理论是认识问题、分析问题、解决问题的钥匙。没有较高的理论水准就不能高屋建瓴、富有建树，就不能正确地认识问题、科学地阐述事理。无论是讲解自然科学的原理、方法、程序，还是讲授社会科学，特别是哲学、思想政治理论、文学艺术等课程、专题，只有具有较高的理论水准与哲学修养，才能站在一定的理论高度认识并分析问题，才能将其讲述得透彻、精彩，让人听后茅塞顿开，有所启迪。作为教师，如果具有较高的理论水准与哲学修养，往往能掌握科学的思维方法，就能思维敏捷、思路清晰、思想开阔，说事论理富有逻辑性，就能够在理论的高度、从不同的角度对所讲的教学内容阐述明晰、分析透彻，使听者易于理解、掌握。具有较高的理论水准与哲学修养的教师在教学过程中能得心应手，自如地组织、驾驭语言，整个教学过程必然是语言自然流畅，说事论理有条不紊。如果教师的理论水准与哲学修养不高便会思路不清，语言的逻辑性不强，前后连贯性差，牵强附会，语言表达不顺畅、不清晰、不生动。因此，无论是讲授自然科学知识的教师，还是从事社会科学研究的教师，都需要具有较高的综合理论水准，具有一定的哲学修养，这样才能出色地驾驭本职专业，促进自身语言表达能力不断地提升。

（二）积极学习文学艺术

深厚的文学修养潜移默化地滋润着语言，令言辞生动形象，富有诗情画意。熟读唐诗、宋词、明清小说，满腹经纶的人，诗情画意会自然地从口中流露出来，其语言表达会流畅自如，用词恰如其分，其言辞会闪烁着美的光辉。具有深厚的文学艺术修养的教师词汇丰富，信手拈来，用词准确、恰当，运用自如得体。教师讲解知识、传授道理时，用词准确、表述正确、符合语言逻辑是最基本的要求。具有深厚的文学艺术修养的教师讲解的知识、道理通俗易懂，生动形象，富有美感，在教学过程中恰到好处地引用一段诗词，生动形象地讲述一段故事，用优美的语言引导学生展开联想，能够激发学生的兴趣与热情，把单调的知识、抽象的事理、枯燥的数据变得生动有趣。因此，教师想要使言辞优美、富有表现力和美感，增强语言表达能力，就要多读文学艺术作品，吸收文学艺术养分以丰富自己的语言。

（三）完善语言表达技巧

教师语言表达能力的强与弱与先天生理因素有一定关系，但主要取决于后天的学习与锻造。学习语言发声知识，掌握一定的语言发声技巧对于增强语言表达能力、提高语言表达效果是大有裨益的。

第一，声音明亮、清晰、圆润、优美，这是播音、主持人的语言发声标准要求，也应该成为教师教学语言应达到的标准。作为教育工作者应学习、掌握一定的播音、主持的知识和技巧。教学过程中发音准确、规范、清晰，声音明亮、圆润、生动、优美，能增添教学语言的色彩与魅力。

第二，语速快慢得体，强弱适宜。如果教师的语速太快，学生很难听清楚，跟不上教师的思路，不知其所云；反之，如果教师的语速迟缓，断断续续，会使学生感觉其语言表达不流畅，对讲解的内容理解得不透彻、不熟练，语速快慢不得体都会影响语言表达效果。因此，教师在讲课过程中要恰当地把握好语速的节奏，防止语速过快或者迟缓。声音的强弱在语言表达过程中也要处理得当，方能增进表达效果。

第三，声情并茂，富有感染力。授课、演讲感情充沛、激情洋溢会增强语言的表达效果，富有感染力，扣人心弦，并能激发听者的兴致，点燃听者的激情。教师在授课过程中要使自己富有感情，充满激情，感情真挚，情真意切，以增强讲课的效果，声情并茂的讲解能够激发学生听课的热情、兴趣，达到事半功倍的效果。提高语言表达能力，让言辞准确、清晰、流畅、优美、生动、富有感染力，需要教师长期的修炼与探索，这是一个需要教师坚持不懈地学习与实践的过程。教师要想不断地提升自己的语言表达能力，不断提升自己的讲课效果，就要不断地学习、探索、实践，最终一定会不断地超越自己，不断地取得进步，这也是每一名教育工作者，特别是有志于提高教学水准、提升教学效果的教师一直思考与探究的课题。

第二节　小学教师课堂教学语言表达能力的培养

　　课堂教学语言是教师在课堂教学领域中的具体运用，是传递教学信息的载体，是课堂教学活动的必备手段，也是教师完成教学任务的重要工具。课堂教学语言不同于日常生活语言，是教师这一职业所独有的语言，因此，课堂教学语言能够体现教师的基本素养和教师的语言艺术。教师想要使课堂教学的效果得到提升，就必须提升自己的语言表达能力，并遵循课堂教学语言的特点及基本要求，根据教学内容、学科特点及教学阶段等方面的要求，力争做到课堂教学语言规范、科学、准确、生动等。课堂教学语言表达能力是教学艺术的一个基本且重要的组成部分。教师向学生传道、授业、解惑以及师生之间信息的传递和情感的交流，都离不开运用教学语言这一有力的工具。作为一名小学教师，课堂教学语言不但要力求规范清晰、准确严密、生动形象，而且还应该符合学生的接受心理，把握合理的速度、响度、节奏感技巧，以激起学生学习的欲望和兴趣，达到调动学生学习积极性的目的。当今世界，经济全球化趋势日益增强，现代科学和信息技术迅速发展，新的交流媒介不断出现，给教师的课堂教学语言带来巨大变化，对课堂教学语言的规范带来新的挑战，同时也提出了新的要求。教师要规范课堂教学语言，提升语言表达能力，为提高课堂效率奠定基础，进而打造高效课堂。

一、小学教师课堂教学语言表达能力的特征

（一）科学性

教师所教的各门学科，都是科学知识，必须用规范、科学的语言来表达。各门学科之间有一定的联系，但它们来自不同的知识领域和知识系统，因此教师所讲的科学知识都必须符合各门学科的科学性要求，做到准确、无误、科学，不向学生传播错误、含糊的信息。

（二）规范性

规范性，就是要求教学语言符合汉民族共同语明确、一致的标准。对学生而言，教师是知识和智慧的化身，他的一言一行都是可以效仿的。因此，教师的语言必须具有规范性，以期产生语言的正面示范效应。教师的语言规范性主要包括两个方面的含义：第一，教师必须用全国通用的普通话；第二，教师的语言在遣词、造句方面不要有错误，尽量避免用词不当、语句不通等语病。

（三）简明性

教师语言的简明性是由教育教学的特殊任务所决定的，教师的语言不简明，势必给学生吸收教学信息带来极大的困难。教学语言的简明性也是由其特定的环境和表达方式所决定的。一节课的时间有限，在有限的时间内，把较多的知识传授给学生，语言表达必须简明扼要。此外，教学语言诉诸学生的听觉，转瞬即逝，冗长的语言会使学生抓不住重点，影响学生学习的情绪。

（四）教育性

教师的职责是教书育人，教师的课堂教学语言应始终贯穿着教育性。课堂教学语言的教育性要求教师的语言要健康、文明，教师要时刻记住自己的身份，担负着对学生言传身教的重任。教师教课本知识，重在育人，应该遵循教育性，培养出一代又一代德、智、体、美、劳全面发展的人才。

（五）鼓励性

课堂教学语言的鼓励性是教师通过肯定、称赞、赞许、表扬等各种方式，以产生激发、鼓励学生不断进取的作用。人们把由衷的夸奖和鼓励看作是人类心灵的甘泉，作为学生，他们更希望得到教师的认可，得到教师的高度赞扬，而不是批评。教师的鼓励性语言不仅可以增进师生间的感情，还可以提高学生学习的主动性和积极性，促进学生心理健康成长。因此，教师在课堂教学的过程中要善用鼓励性语言，用好鼓励性语言。

（六）启发性

学生只有通过积极思维和自觉学习，才能使知识融会贯通，举一反三，教学才能达到预期的效果。这就要求教师通过启发式教学，开发学生的智力，增强学生的自学能力、理解和应用知识的能力。因此，教师要善于用启发性语言调动学生学习的主动性、积极性，发展学生的智力，引导学生开动脑筋，最终达到预期的教学效果。

二、小学教师课堂教学语言表达能力的类型

第一，引入阶段的课堂教学语言。作为一堂课的开头，课堂教学的引入环节直接影响着课堂教学的实效性。引入环节的教学语言必须简明扼要且具有启发性，既要做到激活学生已有的知识，又能激发起学生的求知欲望。本环节的教学语言不能占用过长时间，一般不应超过五分钟，否则就会使课堂主次不分，并分散学生的注意力，也很容易使课堂产生前松后紧的现象，导致达不到课堂预设的效果。

第二，讲解阶段的课堂教学语言。讲解阶段是课堂的核心部分，是整节课最重要的组成，学生所学的全部知识都在这一阶段，因此，教师在进行课堂教学时，不仅要精心设计课堂教学过程，还要精心设计好课堂的讲解部分。在实际工作中，许多课堂教学的失败，并不都是教师知识贫乏或资历不够造成的，大部分原因是讲授缺乏应有的语言技能，这一阶段应从思考学生已掌握的知识及知识本身的内在联系和系统性开始。把学生已知的内容纳入

未知的教材体系中去，使已知与未知有机地联系起来。在课堂讲解阶段，要想让学生在课堂上思路紧跟教师，积极参与到各项教学活动之中，教师必须运用形象、生动、幽默的教学语言，把学生带入到教学情境之中。在教学过程中，要结合教学内容，用严密的逻辑和科学的思维指导教学语言。良好的语言习惯、与时俱进的语言积累、深入浅出的语言讲解，可以使教师将教学内容讲精、讲深、讲透、讲活，从而取得良好的课堂实效。总而言之，此阶段的教学语言主要体现在逻辑性、精辟性和启发性上。

第三，总结阶段的课堂教学语言。课堂小结是课堂教学的一个重要环节，本阶段的教学语言不仅要精练准确，而且要高度概括本节课的主要内容，促使学生准确把握所学的新知识，帮助学生完成课后作业，并对以后要学习的内容产生期待，争取达到"课已尽，趣未尽"的效果。

三、小学教师课堂教学语言表达能力的原则

（一）得当的教学语言速度

教学语言的速度是否合理，是否科学，对于教学效果的好坏有直接的影响。在课堂教学中，每位教师各有自己的语言习惯，说话的速度总是有差别的。教学语言属于一种专门的工作语言，它在许多方面与生活语言不同，不论是什么年龄、性格、籍贯、性别的教师，一旦进了课堂，上了讲台，都不应该用日常的生活语言速度去讲课，必须受课堂教学自身规律的制约，受教学因素的支配，不得有随意性。凡有事业心、责任感的教师，都应该对自己的教学语言速度进行一番科学的分析与检验，都应该认真地探索和把握最科学、最合理的教学语言速度。

科学地确定和把握教学语言的合理速度应考虑多个因素，主要包括以下几个方面。第一，学生的年龄因素，这是确定教学语言速度的重要依据。给不同年龄、不同年级的学生上课，教学语言的合理速度有明显差别。第二，教学内容因素，这是确定教学语言合理速度的又一重要依据。在同一年级，对同一批教学学生，讲不同学科的课或者同一学科的不同内容，由于教材有

深浅难易之分，教学语言的速度也应有快慢之别。第三，教学环境因素，这也是制约教学语言速度的条件之一。例如，在小班上课与在合堂教室上大课，教学语言速度就有差别；上内堂课与上外堂课也不同。空间大、距离远，语言速度就要相应地放慢。此外，课堂内外环境是否安静，有无噪音干扰等，也对教学语言速度有影响。

（二）适当的教学语言响度

由于性格、气质、体质、语言习惯等多方面的差异，每个教师嗓音的高、低、强、弱各不相同。响度合理是理想的教学语言的重要条件之一，也是一切运用有声语言的场合应当讲究的问题。教师上课，传授知识，是交流思想、传递信息的活动。为提高教学效果，应努力寻求教学语言的合理响度，也就是使说话的音高、音强、音长达到和控制在最适当的程度。具体标准是使坐在每个位置上的学生都能毫不吃力地听清楚教师讲的每句话，发出的每个音节，并且听觉舒适。如果达不到或超过这个合理响度，就会妨碍信息传递，影响听课的效果。

科学合理地把握教学语言的响度需要教师自己体会揣摩，在实践中总结。话是讲给学生听的，要时时从学生的角度着想。有经验的教师讲课，总能很自然地借助个人听觉，根据课堂空间大小，学生座位与讲台间的距离，听课人数的多少，教室有无天花板，门窗是开是关，课堂内外噪音大小等各种与音响有关的因素，以及个人声音的特点，把握个人说话的合理响度，追求响度的最佳效果。对有声语言而言，响度合理是保证交流思想、传递信息效果的最重要的条件之一。要掌握得好，既需要掌握许多复杂的原理，又需要积累足够的实践经验，这并不是件简单的事。特别是一线教师应当充分重视教学语言的响度，切切实实地奠定基础。

（三）有节奏感的讲课过程

语言节奏是指讲课时语音、语调的高低和说话的速度，具体包含以下几个方面：

第一，语音要清楚流畅。教师明快清晰的语音，能博得学生的好感，为拨动学生的心弦创造良好的条件，这就要求教师尽量使用普通话讲课，避免难懂的俚语和乡音。

第二，语调要抑扬顿挫。这种语调高低的交叠伴随着感情的起伏，就形成了一种节奏，这种节奏作用于学生的感官神经，能导致大脑皮层不断产生兴奋，引起学生丰富的联想和强烈的感情共鸣，增强学生的学习兴趣，从而提高其学习效率。语调只有高低相别、错落有致，学生听起来才能精神饱满，兴趣盎然。

第三，说话要快慢适度。一般而言，说话速度要根据讲课内容和学生的情况而定。对重点内容要反复地讲，以期使学生加深印象；对难点要缓慢地讲，让学生有回味和咀嚼的过程，这一点如果没处理好，一节课结束，学生就很难分清本节课的重难点，从而不能深入彻底地理解本节课知识的内涵。至于一般内容，要简明地讲，使学生了解概要即可。因此，适当的讲课速度能使学生在教学节奏中把握最重要的东西，如果一律用同一种速度平铺直叙，那就会机械呆板，使学生感到一片茫然，不得要领。

总而言之，良好巧妙的教学语言，要有恰当的速度、响度、节奏感，这样才有利于学生对知识的理解和消化，从而达到事半功倍的课堂效果。教师的教学语言不仅要讲究艺术，更要注意说话技巧。在进行教学活动时，要注意声调的变化，对发音轻重、速度快慢、抑扬顿挫、起伏跌宕等都要有讲究。同时还要根据教材内容的主次、详略、难易程度，确定相适应的语速语调变化，力争教师的教学语言和教学内容相和谐，与教学过程相和谐。教师的语言素养在一定程度上决定着学生在课堂上脑力劳动的效率，教师应在教学过程中不断探索和提高自身的语言素养。

第三节　小学教师教育活动语言表达能力的培养

教育的范围要大于教学，课堂教学是教育活动的一种主要形式，却并非唯一形式，除了课堂教学，在学校的日常教育交往行为当中，丰富多彩的教育活动也是育人成才的广阔舞台。小学教师在教育活动中的语言应用要求实际上是教师职业素质的基本要求，是否能恰当地应用这类语言，是教师教育教学基本能力的体现；教师的教育语言是作用于学生精神世界的最重要的工具和思想道德教育的媒介。学校是一个特定的育人环境，新课程改革，呼唤新的教育教学理念，呼唤教师提高自身专业素养，而教师的教育活动语言应用能力是其专业素养中最重要的组成部分，关系着每一位学生的成长和发展。

一、教育活动语言表达中表扬能力的培养

（一）能力观对语言表达中表扬能力的影响

能力观是对智力本身固有性的看法，即学生的能力或智力是否可以改变的不同观点，主要有两种观点。一种被称为能力固存观，学生认为智力水平和聪明程度是无法改变的，持有这种观点的学生较多地关注他们自身的聪明程度，其所关注的重点总是那些能证明他们智力水平高的事件。因而对于这些学生，学习的愿望就不是最主要的。另一种被称为能力发展观，学生认为智力或能力可以通过后天的努力和学习加以改变，持有这种观点的学生相信不是每个人都可以成为爱因斯坦或莫扎特，但是爱因斯坦或莫扎特都是经过长期的努力才能有所成就的。一旦学生意识到了这点，他们更关心的不是如何表现得更聪明，而是不断地挑战。表扬学生的智力只会短时间激发起他们的自豪感，其后反而会产生长时间的负面影响，而表扬学生努力则有着积极的影响。那些被表扬聪明的学生多指向于天生的、固有的能力，而那些被

表扬努力的学生更多指向技能、知识以及通过努力和学习能够改变的领域。表扬学生的智力会使学生形成能力固存观，而表扬学生的努力则会使学生形成能力发展观。当一个富有挑战性的任务和一个简单的任务置于学生的面前时，大多数被表扬智力的学生会选择简单任务，而被表扬努力的学生则会选择有挑战性的任务和学习的机会。

（二）内外部动机对语言表达中表扬能力的影响

每个学生在学习时都会受到内部动机或外部动机的支配。主要受内部动机支配的学生是因为喜欢这门学科，学科本身的逻辑性、结构性能吸引他，而且在解决难题的过程中获得了成功的愉悦；而主要受外部动机支配的学生努力学习，是为了得到教师或同伴、家长的表扬。同样是表现为努力学习，但动机完全不同。还有部分学生会同时受到多种动机的推动、指引和维持。对于所有的学生而言，来自教师或同学的表扬都是成功的一种标志，但对于较多受内部动机支配而努力学习的学生而言，如果他感到自己轻而易举就获得了大量表扬，那么可能会降低学生已有的学习积极性，表扬就不再有效。

学生的学习行为的动力是由活动本身所提供的，给予外在的奖励可能会使这些活动的内在动机被外在动机所取代，如果之后得不到进一步的外在奖赏，就会失去活动的动机。一次表扬最重要的方面并非"它是一种肯定"，而是"它是一种评价"，评价可能会导致过多的压力，使学生不敢冒险并可能减少自主性，而对完成非常简单的任务的学生给予表扬时，该学生可能会被认定为缺乏能力，反而又会损害其内在动机。对于较多受外部动机支配而努力学习的学生而言，一旦离开了教师的表扬，就会失去学习的动力。因此，表扬必须恰当，必须真诚。

（三）表扬类型对语言表达中表扬能力的影响

表扬的类型分为三种取向：第一，个人取向，它是对学生做出的一种整体性判断，反映了学生的人格特质，指向于学生自身；第二，过程取向，它是对学生在完成任务的过程中或行为过程中的努力程度或所运用的策略进行反馈，指向行为的过程；第三，结果取向，它反映行为的客观结果，指向具体行为的适宜性。与接受其他形式的表扬相比，接受过程取向表扬的学生在随后的任务中表现出了更大的兴趣，能够选择挑战性的任务，关注自己成绩的提高。表扬的不同类型会影响到表扬的效果，教师更倾向于进行过程取向的表扬。教师应对学生的努力而不是智力做出表扬，也就是要让学生倾向于把自己的成绩归因于内部的、不稳定的、可控制的努力或策略等因素，这样可以使学生不仅在成功后保持较高的学习动机，而且即使失败也不会消极无助。因而，对努力的表扬可以更好地激发学生的学习动机。

二、教育活动语言表达中批评能力的培养

（一）教育活动中批评的作用

批评教育是在教育活动中，对学生个体或群体所表现出来的错误思想和不良行为的否定，以使被批评者改正，也使全体同学受到教育，避免再次出现类似的问题。批评和表扬是一对相反的概念，批评是对缺点和错误提出意见并指出错误的实质，帮助人提高思想意识觉悟和知识水平，达到改正错误的目的。学生正处于成长的黄金时期，有时，他们对一些观点和行为还缺乏分辨能力，所以难免会出现这样或那样的问题，这就要求教师能及时发现他们身上的缺点和不足，予以指出，并指出改正的途径，由此提高学生对是非、美丑、善恶的辨别和判断能力，激发学生的上进心，只有这样，学生才有可能健康地成长。因此，批评教育是教师的教育职责所在，批评是教师对学生的不恰当思想和言行给予的否定的评价，以唤起他们的警觉，去努力改正自己的缺点和错误。教师对学生进行思想教育常用的一种方法，其根本目的是要引起学生思想的变化，使学生真正提高认识，提高觉悟，提高思想素质，变得更有道德和教养，从而少犯错误。

批评是教师和学生两者之间相互作用的过程，是学生从不良行为向新行为转变的中介环节。因此，教师要达到使学生产生新行为的目的，就必须考虑学生的具体情况。如果是对班集体普遍存在的问题进行群体教育，要采取大家都能接受的方式。恰如其分的批评，不仅能让学生改正错误，增强辨别

是非的能力，而且还能增进师生感情，从而使学生更好地接受教师的教育。教师通过对一些违纪学生进行批评教育，能使教育教学工作正常开展，顺利完成教育学生的各项任务，引导学生逐步朝着教育目的方向发展。

（二）教育活动中教师的批评教育语言

教师语言是教师在充当教师角色或在教育职业性约束环境下的语言。教师语言从功能上分为传授语言和管理语言，而批评语言属于教师语言中的管理语言，是教师有目的地对学生进行思想品德教育的语言表达形式，始终把教育性放在第一位。批评教育语言是纯粹的教师语言，是教师的职责，也是职业要求，其规范化、合理化、科学化、艺术化程度的高低反映着一个教师的专业化和职业化的程度。批评教育往往通过口头语言来实现，它的效果不仅取决于教师对学生批评的内容，还取决于教师批评时所采用的语言方式的选择。教师语言是学校教师在教育教学活动中所使用的符合教师职业的行业语言，教师语言的性质，是教师语言所具有的与其他行业语言有明显区别的特殊性。批评教育口头语言是教师语言的组成部分，教师对学生不良思想行为以口头进行否定和指责，提醒学生注意与立即纠正。批评教育，从语言表达形式上，分为口头形式和书面形式，一般运用频率最高的还是口头批评，因为口头批评较灵活，具有即时性。教师的语言活动是一个由语言、教师和学生三维整合的有机体。

在教师编码、输出、传递，和学生接收、解码、反馈的过程中，教师既要有意识地对自己的语言进行监控，也要不断接受学生的信息反馈，随时调整自己的语言行为。教师的语言活动是一种以教师为主、学生为辅、师生互动的双向行为过程。但要考虑学生的承受能力，还要以不伤害感情为度。教师对学生批评本身就是实施教育行为，而这种教育行为是通过口头语言表达而得以完成。因此，教师的批评教育是言语行为，这种语言具有特定的教育目的。如果批评语言在学生身上实现了教育目的，便是有效语言；如果不能实现教育目的，便是无效语言；如果不仅未能实现教育目的，而且给学生造成学习生活方面的负面影响，那便是伤害性的语言。教师是进行批评教育的主体，占有绝对的话语权，而学生是这言语活动的指示学生。如何充分的把握批评教育的效果，关键在于教师的综合素养，包括道德涵养、人格品质、语言素养、人文素养等。

（三）教育活动中批评用语的运用原则

1. 提高教师的职业修养

教师素质的优劣程度与批评效果是成正比的，换言之，教师本人必须具有较高的自我完善水平和智能结构，以及较好的言谈举止和性格修养，这样的教师平时必然对学生竭诚尽智，充满关爱之心。充分提高教师的综合素质和加强教师的职业修养，能更好地发挥教师批评语言对学生的教育功能。

（1）思想修养。教师只有具备高尚的师德，其语言才可能会健康、文雅、丰富、美好，教师文明、健康、生动、准确的语言不仅有利于知识的传递、思维的启迪，而且有利于学生能力的培养、健康人格的完善及思想道德觉悟的提高。教师的职业语言健康发展并在全面育人工作中发挥了重要的作用，积极地促进了合格人才的培养和社会文明的进步。只有热爱教育事业、热爱学生的教师，才能讲出忠于教育事业的、热情洋溢的语言；只有教师热爱工作，有着民族责任感和时代紧迫感，才会有开阔的视野和开放的思想，才会说出使人奋进、激人上进的妙语精言。因此，教师若想提高自己的语言修养，就要先提高思想修养；教师若要锤炼语言，就要先锤炼思想。与此同时，从更深层面而言，教师应具备健康的心理素质。只有具备健康的心理，才能在批评教育学生时，说出健康的教育语言。第一，做到心理健康，就要有心理容量，能克服偏见，能容忍学生的无知，能宽容学生的过错；第二，保持稳定的情绪，要将思考的快乐和收获的喜悦送给学生；第三，永远保持乐观的心境和振奋的精神状态。

（2）角色意识。角色意识是个体在对自己所处的社会地位、作用与价值的认识上产生的一种直接影响角色行为的思维定式。作为一个认知过程，它体现在教师角色扮演的整个过程之中。只有在角色扮演时意识到自己的角色之后，教师才能用相应的行为规范来要求自己，知道哪些行为是正确的，哪些行为是不合适的。对于教师而言，有清晰的角色意识才能规范自己的教育行为和言语行为。教师除承担传授科学文化知识的任务之外，还要充当建立良好的课堂秩序、维护课堂纪律的教育管理者的角色，教师应帮助学生形成自觉遵守纪律的意识和习惯。教师作为学校教育工作的主要实施者，对于学生的教育，处在极为重要的地位。只有真正明白"教师"这个角色的意义，并且内心有强烈的责任感和使命感，教师的言传身教才有了方向。因此，要强化角色意识，培养良好的教师职业素质，用良好的教师职业素质更好地体现教师的角色形象。职业素质是在相应的专业知识和职业能力的基础上，在职业责任和职业道德规范的影响下，经升华和内化而逐渐形成的比较稳定的职业工作品质。

（3）文化知识修养。教师语言是各种信息的载体，许多语言功底深厚的教师非常重视自己的文化知识修养，他们深厚的语言功底来自于广博的学识。教师在教学时能旁征博引，举一反三，触类旁通，关键在于教师的博学。教师要提高语言修养，不仅要掌握所教授学科的专业知识，还应该掌握相关学科的知识。随着社会的发展，单一型的知识远远不能适应社会的需要。每一位教师都必须掌握教育学、教师学、心理学、语言学、计算机等学科的一般知识。文化知识修养既是教师全面发展和终身发展的重要基础，是教师职业素质的重要组成部分，也是教师语言行为优良的重要保证。

2. 注重批评教育的效果

学生在学校学习和生活中出现了问题，往往需要对其进行批评教育，对于教师而言，这是非常重要的工作和自己的职责所在。教师特别要注意批评教育的效果，正确认识批评教育。

（1）在学校教育中，批评是教师在特定条件下的学识、智慧、责任感、关爱心高度融合的表现形式，它应该产生的效果是使受批评者醒悟，以达到教育的目的。

（2）批评教育不应过多地涉及学习方面的问题，大多是针对学生思想品德方面的问题，因为学生的智力水平在客观上是有差别的，教师不能执意强求；而学生的学习态度、思想品德等却是主观的，具备改正的可能性。教师的职责和态度就是去帮助学生，因为教师批评学生的目的就是为了帮助学生提高认识，端正态度，纠正其错误行为，所以，教师在批评学生时，应该对事而不对人，应指出学生的行为本身有何错误。只有当学生把教师的批评看作是对自己不良行为的反应时，他改正错误的态度才能坚定。

（3）批评教育要公平公正。两个学生犯了同样的错误，如果教师只批评了一个学生，而没有批评另一个，或者对两者批评的程度不一样，这样就会失去批评教育的公平公正性，造成不良的影响。作为教师，应该有平等的思想，全班同学一律平等，没有特殊的学生，特别是在批评教育学生的时候，更应注重查清事实，把握分寸，一视同仁。

（4）批评是应该有的一种教育方式。教师就应该让学生知道：一个人有了缺点和错误，就要勇敢地、正确地去面对，接受应有的批评，真正认识到自己的缺点和错误，以便避免今后犯类似的错误，这是一个人一生的宝贵的精神财富，教师批评学生的目的是为了不再批评的教育效果。

3. 了解批评教育的情景

（1）教师作为批评者，应有足够的感情投入。任何教育形式的实施，都应以感情投入为前提，没有感情交流的任何一方的批评往往都是事与愿违。如果学生从心里对教师佩服敬慕，那教师一旦对其进行了批评，就会在他们心中产生震撼和认同感，从而努力改正错误。

（2）对问题深刻而准确地把握。教师不能对任何问题都使用批评手段去解决，只对那些已经成为或可能发展成为有倾向性、代表性，且影响较大而又比较顽固的问题才可以考虑辅以必要的批评，这就要求教师具有敏锐的观察力和迅捷的判断力。

（3）较多的相互了解。相互了解和感情投入是相辅相成的，感情投入容易使批评产生正面效果，而相互了解能使批评的针对性更强，技巧及力度更符合学生的特点。如果教师对学生的性格、情绪、心理、修养、经历及爱好等方面都了如指掌，就能在最大程度上保证批评手段最大限度地发挥其启迪、激励、鞭策和警醒作用。

4. 正确把握批评教育的技巧

（1）提炼批评语言，批评语言要能达到批评的目的而又不伤害被批评者。批评语言要有分量，有气势，内容应切中要害，要能发人深省，耐人寻味。但要考虑学生的承受能力，以不伤害感情为度。

（2）要慎选场合，宁小勿大，同一质量的批评语言可因场合不同而调整其力度，因而教师必须认真考虑其适用场合。一般而言，学生是一个群体时，场合可稍大；是个体时，场合宜小。个体学生有较强代表性时，场合可稍大；基本上是个体行为时，场合宜小。总体原则应该是"宁小勿大"，这样可以尽可能地减少批评的副作用。

（3）教师本人素质的优劣程度与批评效果成正比。换言之，教师本人必须具有比较理想的自我完善水平和智能结构，性格修养诸方面良好才不会愧为人师。这样的教师，平时必然对学生竭诚尽智，充满关爱之心；必然已成为学生的崇敬对象甚至精神寄托；必然是坚持"正面教育"为主的。这样的教师一旦实行了批评，也一定能收到积极的效果。有时，批评的学生及事件会出现误差，教师要勇敢地承认自己的失误。

5. 提高教学语言修养

教师对学生的批评必须怀着爱心。在教育学生的过程中，教师应当克制自己的情绪，应采用含蓄的或鼓励的口头语言。教师对学生的批评，要注意讲究恰当的语言运用。

（1）批评学生要坚持说理与动情相结合。说理是跟学生讲清道理，动情就是调动学生的情感。教师在批评学生时应"晓之以理，动之以情"，坚持以理服人。以理服人意在让学生明白道理，明辨是非，从而提高认识。教师进行说理教育时，要掌握好尺度，具体而言，要掌握以下三个方面：

1）说到"点"上。说理的内容要能抓住问题的重点，直奔主题，不能侃侃而谈，最后不得要领。是非观点要明确、中肯，既讲正面的"合理"，也讲反面的"非理"，才能使学生心悦诚服。

2）说到"心"上。教师的批评教育要能让学生心动，就一定要把"理"说透，说得有据有信度，还要激活他们的内心积极性。学生对教师的批评作何反应，教师要认真细致地观察。如果是无动于衷，则应重新调整学生的情绪，重新调整内容。

3）说到"情"上。情通则理达，教师对学生进行批评教育时，学生首先是对其情感上有所接近或完全接近，才有可能接受。要使说理教育能够说到情上，教师教育学生时，应态度诚恳，对学生真心真意，即使学生不能完全理解教师讲的道理，也会感受到教师的诚意，知道他是真正关心自己，从而收到良好的教学效果。

（2）批评的方式要有针对性，注重灵活性。批评学生是一个完整的行为过程，这一过程反映出来的关系是：学生的不良行为—教师对学生的批评—学生的新行为（接受批评后产生的变化）。如果对学生进行个别教育，则要根据学生的气质、性格、家庭背景等不同情况，采取相应的批评方式：对自尊心强、逆反心理强的学生可采用商讨式的方法；对善于独立思考、自我意识较强的学生可采用暗示、点拨的方法；对自我防卫心理较强的学生，可采用突击式的谈话方法；对有惰性心理的学生可采用言辞尖锐的方法；对性格内向、有自卑心理的学生，可采取渐进式的方法。不同的学生采用不同的批评教育方法，往往能起到立竿见影的效果。

（3）批评学生应指向学生的行为，而不是学生本身。教师批评学生的目的就是为了帮助学生提高认识，端正态度，纠正其错误行为。因此，教师在批评学生时，应该对事而不对人，指出学生的行为本身有何错误，只有当学生把教师的批评看作是对自己不良行为的反应时，他改正错误的态度和决心才能坚定。批评教育学生是做好教师工作的一个重要方面，它既需要以正确的理论作指导，也需要与实践相结合。教师的口头语言表达能力应达到以下要求：①运用简洁而规范的描述，要点指示明确；②根据学生的年龄特点与知识水平，运用学生易于接受且适合的语言；③不用含糊不清的语言；④恰当地运用比喻和隐语；⑤保持语言的流畅性；⑥利用副语言，辅以动作表情。

6. 正确对待批评教育对象

了解学生是批评教育学生的前提。要充分了解学生的心理特点与受教育的方式，尊重学生是批评教育学生的基础。尊重学生实际上就是尊重学生的人格，平等、公平、合理地对待学生的一种态度，但在批评教育学生时应有更深刻的认识。真心爱护自己教育的学生，就必然要对其有严格的要求，没有原则的爱是偏爱、溺爱，过分的严厉又缺乏情感的交融。因此，教师对学生的要求要适度，要合乎情理，是学生通过努力可以达到的。严格要求学生应以充分尊重学生为基础。只有教师关心学生的尊严感，才能使学生通过学习而受到教育。教育的核心，就其本质而言，在于让学生始终体验到自己的尊严感。批评应当是善意的，特别是对屡次犯错的同学，应进行细致恰当的批评，学生对教师的批评感受到的不仅是合乎情理的严格，而且是自己的人格也受到了应有的尊重。

（1）尊重学生就是教师要正确认识自身的教育功能，生于信息社会的学生，获取信息的渠道呈现出多样化的特点，他们的思想比以前任何时代的学生都更加活跃、开放，这就使得如今教育活动涉及的内容比以往任何时候都要丰富，也更加复杂。因此，要使教育内容为学生所认同和接受，需要教师一方面加强学习，促进自己的知识和观念的更新；另一方面，在教育活动中，要学会认真倾听学生的心声，把握他们的思想脉络，通过积极引导，帮助学生学会正确地评价自我和他人的行为，从而最大限度地发挥教育的功能。与此同时，在教育活动中，教师不可能不出现任何失误或过错，一个有职业道德的教师要敢于及时反思自身的不足和失误，勇于承认自己的不足和错误。教师需要在教育实践中不断地学习和创新，才能迎接挑战，承担起育人的职责。

（2）教师与学生应处于平等的主体地位。学生正处在人生的成长阶段，由于年龄与阅历的有限，他们的人生观还处于形成阶段，需要教师对其进行教育和引导，应当平等地对待学生，尊重学生的价值和尊严，在与学生进行思想沟通与交流的过程中实施教育，这种平等和尊重是学生应该享有的人格权利。

（3）尊重学生就要发挥学生的主体作用。教育的活动是一种交际互动的活动，具有生成性的特点，在教育活动中，教师与学生是共同成长的。就教师而言，由于教育的内容、教育对象、教育时机都是具有不确定性的因素，所以批评教育活动不可能像教学活动一样事先有所准备。即使是一些预设的教育活动，教师可以对批评教育口语做准备，但很难事先将学生的反应都做好预案。因此，教师在实际运用批评教育口语时，从内容到形式，都需要根据学生的现场反应随机调整发挥。在批评教育过程中，教师应发挥学生的主体作用，更多地采用教师引导下的师生讨论、对话、谈心等形式，让学生参与到教育过程中来，在师生互动交流中，促进学生的自身感悟，让批评教育活动成为学生愿意接受的教育内容，从而使学生在思想、道德和感情中不断得到提高。只有能够激发学生去进行自我教育的教育，才是真正的教育。

7. 热爱学生是批评教育学生的重要条件

教师热爱学生，关心学生，学生感受到教师对自己的关心和爱护，会更"倾心"于教师，更加乐于接近教师，更愿意接受教师的批评教育。教师热爱学生有利于师生关系的和谐，有利于双方感情相通，乐于交往，易于双方的沟通。伴随着这种和谐的气氛，各种教育就会产生积极的效果，这是有效对学生教育的奥秘所在。运用批评教育语言，教师要动之以情，"情"是积极的情感，包括平等、真诚、信任、爱护和无限地热爱学生。几乎每一位教师对学生的要求大多是出自良好的愿望，但不是每个教师的好心能都被学生理解和接受，这在一定程度上取决于批评教育语言是否有热爱学生的积极情感。如果教师使用带有热爱学生的积极情感的批评教育口语，教育内容便容易为学生接受，就能促使学生向积极的方面发展。

教师爱学生的情感也有度的问题，"不及"和"过"都会导致教育语言的偏颇，从而影响批评教育的效果。教师喜爱学生的这种态度和行为，本身对学生良好的思想品德的形成具有陶冶的作用。教师的许多良好的言行会潜移默化地传递给学生,使学生受到良好的感情陶冶和人格陶冶,使他们从教师的态度和行为中体会如何待人,如何为人,懂得真诚合作的价值,感受人间生活的美好,从而形成乐观的生活态度和真诚助人的品格。正是在这个意义上,教师热爱学生、关心学生,才能培养学生良好的情感和思想品德。热爱学生,尊重学生,使师生关系融洽,学生就容易接受教师的教育。一旦学生犯了错误,教师的批评就容易被学生接受,从而使批评产生较好的效果。如教师想在批评学生时得到学生的积极配合,就必须做到在任何时候都喜爱学生,处理好师生关系,加强情感沟通。

总而言之,批评教育的语言是教师有目地对学生进行思想品德教育的语言表达形式,要始终把教育性和帮助其提高放在第一位。说服学生的观点要明确,以理服人,晓之以理,动之以情。批评教育学生时,切忌指责、讽刺、挖苦,既严肃又要注意分寸,教育的语言要富有激励性和教育性。而且教师的语言素养对学生的语言训练和思维开发都是非常重要的,因此,每位有责任心的教师,必须不断提升自己的语言技巧和语言素质。

第四节 小学美术教师的课堂语言高效表达能力

第一,教师掌握小学美术课堂实现语言高效实践。学习动机是学习的推动力,小学生拥有了学习的动力,才能学习好,让学生在学习中进步,在学习中成长,小学美术课堂如果高效就可以激励、指引学生学习。"教学语言的特点包括精练准确、生动幽默、激发思维等方面,教师应该做到使用规范的语言进行教学,语言还需要生动精练,能够激发学生的思维,这样的语言特点才能让学生学习得更好。"[1]在轻松的教学氛围中,可以提高学生的

---

[1] 张曦."教师即课程"理念下小学美术教师课堂语言高效实践探索[J].考试周刊,2017(8):167.

学习兴趣，让学生学习得更好。与此同时，教师需要在教学中不断地认真学习，以此提高教学质量，小学美术教师的课堂语言在课堂中扮演着举足轻重的角色。

第二，高效的课堂语言可以引起学生学习的兴趣，有利于提高学生的学习成绩。小学美术课堂应该充满趣味性，小学美术教师应该认真探索如何使课堂语言更加完美，更加吸引学生的注意力。教学语言的趣味性是指教学语言生动、形象，充满情趣，让学生对小学美术达到入迷的程度，让学生对美术有十足的自信心，有利于使学生创作出十分优秀的美术作品。因此，小学美术教师要努力使自己的语言变得优美，让学生学好美术课程。教学活动是教师与学生的双向互动，也是情绪、情感的双向交流活动。小学美术教师应该做到用语言吸引学生的学习兴趣，激发学生探索美术问题的热情，教师巧妙地运用课堂语言，可以提高学生的学习热情和学习成绩。

第三，语言如何在课堂中有效运用及具体的策略。学生正处在语言发展的重要时期，语言对于小学生是十分重要的。教师教学语言的规范性，可以影响学生以后的语言发展，因此，在小学美术教学中，教师的教学语言必须用普通话，规范的教学语言能给人一种美的感受，产生一种规范美，让学生受到好的影响，为学生以后发展起到积极作用。在小学美术课上，教师只有使用规范性的普通话，才能让学生体会到学习美术的乐趣，才能使学生准确领悟教师表达的教学内容，才能体会到教师富有情感性和趣味性的语言艺术。教师的教学语言在课堂中的有效运用，能够引导学生正确学习，教师教学语言的规范性要求表述准确，口齿清晰，用词准确。

教师在教学课堂上应该提出相应的美术问题，提出的问题要和已有的知识经验相联系，使学生有能力思索这些问题，并能够得到满意的答案。课堂上的提问要求恰到好处，有利于提高学生的思考能力，可以激发学生探究问题的兴趣，提高学生的审美能力。教师通过提问能够了解学生对知识的掌握情况，有利于教学任务的完成。

小学美术教师课堂语言高效实践，可以使学生的学习能力得到提高，教师运用标准的语言进行讲课，能使学生的语言表达能力得到培养和提高。美术课堂需要活跃的气氛，在课堂上积极地完成教师布置的任务，使美术教学落实到培养学生审美能力和形象思维能力等方面，从而让学生全面发展。

第五章　小学教师信息技术运用能力的培养

第一节　小学教师信息技术的运用能力

随着科学技术的发展，信息技术的应用得到普及，社会上各行各业正利用计算机这一信息处理工具，不断地改进着工作的方式，不断地提高生产的效率。伴随着初等教育新课程改革在全国范围内的推进，作为初等教育者的培养基地——普通高师院校也面临着为配合新课程改革而更改相应教学思路和教学方法的任务。当前，计算机多媒体技术已经成为现代教育技术课程教学中的核心课程，它用以辅助教学，是教学授课不可或缺的重要教育手段之一。现代的教育模式多是围绕多媒体教育展开，多媒体可以很好地帮助教师减少写板书的时间，用生动的图像、文字、声音、动画代替传统的以讲授和板书为主的教学模式，无论从教学效果还是授课效率上，都将有一个巨大的提高。

一、小学教师信息技术能力水平对教育发展改革的意义

小学教师信息技术能力水平对教育发展改革的意义主要体现在教育形势及课程改革发展、教育信息化发展两个方面。

（一）是教育形势及课程改革发展的需要

小学教师信息技术能力水平对教育发展改革是教育形势及课程改革发展

的需要，具体体现在以下两个方面：

1. 教育形势需要教师提高信息技术能力

当今世界，科学技术突飞猛进，知识经济已见端倪，国力竞争日趋激烈，以计算机技术为龙头的信息产业飞速发展，引起全社会各领域的重大变化，特别是在教育领域。目前，信息技术已经渗透于教育教学中，它所形成的一种全新教育形态对教育的影响是巨大的，它不仅带来教育形式和学习方式的重大变化，更重要的是对教育的思想、观念、模式、内容和方法产生了深刻的影响。我国要实现以信息化带动教育的现代化，实现基础教育的跨越式发展，关键是要建设一支数量足够、质量合格的具有较高信息技术应用能力和锐意改革的小学师资队伍。

2. 新课程改革迫使教师面临挑战

课程改革长期以来都备受各个国家、学校、教师的关注，尤其是在当前社会快速发展的新形势下，新一轮课程改革是必需的、必要的、必然的，它将对我国教育的发展乃至社会的发展产生深远的影响，特别是它关系到年轻一代的前途和命运，因此课程改革是不允许失败的。而教师，作为课程改革的实践者，势必将面临新一轮课程改革的挑战，挑战必然促进教师的专业素质发展。新课程要求教师必须转变陈旧的教育观念，树立符合新课程改革需要的新理念。新课程要求教师具有运用现代信息技术的能力。随着课程改革的深入，现代信息技术对于教学过程的渗透以及教学活动对于现代信息技术的需求会更加强烈，因此，将现代信息技术与教学活动有机结合的能力，即整合信息技术与课程的能力是教师提高专业素质必不可少的条件。

3. 课程改革与教师专业发展是相互依存的

没有教师就没有课程改革，没有课程改革也不会有教师专业的发展，课程发展就是教师的专业发展，没有教师的专业发展就没有课程发展。实际上，课程改革与教师专业发展是相互依存的，课程改革有两个重要的因素，即人的因素和技术的因素。教师专业发展正是课程改革中"人的因素"，离开了教师的专业发展，课程改革工作不可能顺利进行。课程改革与教师专业发展是相互影响、相互制约与相互促进的互动关系。

（1）没有教师的专业发展，就没有课程改革的发展。课程的变革实际上是人的变革，人自身不去主动适应变化与发展，课程改革是不可能实施和成功的。目前，教师专业发展水平比较低，缺乏课程改革所需要的课程研究与开发，加上现在教师工作压力大、工作任务重，对课程改革的前景无法预料，势必使教师难以舍弃旧习惯和旧观念，缺少教师专业发展的动力，从而使我们的课程改革速度减慢甚至停滞不前。因此，要想推动新课程改革的顺利发展，首先必须促进教师专业的发展。

（2）课程改革促进教师的专业发展。新课程的实施对教师无疑是一种严峻的挑战，为了应对这种挑战，教师必须进行教育观念的更新、教育能力的提高与教育行为的转变，而这种更新、提高与转变就是教师专业的进步和发展。实施课程改革后，学生的学习生活发生了变化，致使教师专业必须得到改变与发展，教师由原先的"自主型"阶段向"自我更新型"阶段发展，教学生活与伦理观念也发生了极大的改变，使自己的专业得到锻炼与成长。同时教师所关注的事务也得到升华，教师开始更加注重学生发展的主动性、持续性与自身专业发展的必要性，形成了以关注学生发展与自身发展相结合的教育伦理观。

教师应该清楚地认识到掌握信息技术的重要性，积极主动地学习计算机技术，并用于教学改革和教育教学过程中的创新。今后教师在教学中要充分利用计算机与网络技术为标志的现代信息技术开展教研、备课、上课、制作课件、传送教育教学资料、信息等活动，并引导学生在网上查询浏览、学习知识、展现才能，提高学生学习的效率和质量，这也是教育形势发展对教师提出的新要求。

（二）教育信息化发展要求教师提高信息技术能力

20世纪90年代以来，教育界出现以信息技术的广泛应用为特征的发展趋势，我们称之为教育信息化。教育信息化是指在教育与教学的各个领域中，积极开发并充分应用信息技术和信息资源，培养适应信息社会需求的人才，以推动教育现代化的进程。教育信息化是衡量教育现代化的重要标志之一。教育信息化的主要特点是在教学过程中广泛应用以多媒体计算机和网络通讯为基础的现代信息技术，其表现为教材多媒体化、资源全球化、教学个性化、学习自主化、活动合作化、管理自动化、环境虚拟化。由于广泛地应用各种机器、设备，人们往往认为教育信息化是以计算机代替教师讲课，以计算机来呈现教学内容，以计算机来存储教学信息，并以省力性、替代性、便利性、效率性的尺度来评价教育信息化。

教育信息化应被看作一个过程，其结果是达到一种新的教育形态——信息化教育。"教育信息化的过程应该不仅仅是一种信息机器引入教育的过程，更是一种教育思想、教育观念变革的过程，是一种基于创新教育思想有效地使用信息技术，培养学生的创新意识和创新能力的过程。"[1]教育信息化是教育现代化的内容和方向。教育信息化，简而言之，就是信息技术在教育领域的应用。教育信息化不仅是世界发展的必然趋势，也是我国教育现代化的目标之一。虽然教育信息化为我们展示了未来教育的美好前景，但是，我们必须清晰地认识到，信息技术的应用不会自然而然地创造教育奇迹。它可以促进教育革新，也可以强化传统教育，因为任何技术的社会作用都取决于它的使用者，信息技术在教育中的应用也不例外，它的使用者是教师。因此建设一支适应教育信息化趋势的师资队伍，是推进教育信息化、实现教育现代化的关键。

二、小学教师信息技术应用能力的培养策略

（一）转变教师的教学观念并提高其思想认知

信息技术在教育教学中的运用推动了教学观念、教学方法的更新，促进了教学改革和教育现代化的进程，教师如果不树立正确的教育观念，就不可能在教学中使用信息技术来提高教学效果，就可能成为应用信息技术的

---

[1] 王贞惠，刘晓玲. 小学教师专业能力训练[M]. 成都：西南交通大学出版社，2018：164.

"主要障碍"。因此，转变教师的教育观念是促进教师使用信息技术的前提条件。

1. 提高对教育信息化的认识

教育信息化是20世纪90年代伴随着信息高速公路的兴建提出来的，其内涵是将信息作为教育系统的一种基本构成要素，并在教育的各个领域广泛利用信息技术，促进教育现代化的过程。不能简单地将教育信息化过程理解为信息媒体和信息技术的引入过程，它是教育思想、教育观念转变的过程，是以信息的观点对教育系统进行分析的认识过程。教育信息化的主要特征可以从技术层面和教育层面加以考察：从技术上看，教育信息化的基本特征是数字化、网络化、智能化和多媒体化；从教育上看，教育信息化的基本特征是开放性、共享性、交互性与协作性。教育信息化是国家信息化的重要组成部分、教育发展中的重要战略任务，也是实现教育现代化追求的目标之一。

目前，我国已经把教育信息化工程列入国家重点建设工程，重点支持并加快以中国教育科研网和卫星视频系统为基础的现代远程教育网络建设，建成一批网络学校，完善高等学校的计算机网络建设；加快数字图书馆等公共服务体系建设，进一步改善高等教育的信息环境，提高学校的计算机配备水平；积极开发、共享教育信息资源，加强小学信息技术课程的设置与教材的编写；加强对师范教育专业学生的信息技术教育，加强对小学专任教师的计算机基础知识技能培训；推进各级各类学校充分利用现代信息技术，改进教学手段和方法，改进教育管理方式，提高教育教学及管理水平。

2. 转变教师的教学观念

转变教师的教学观，一方面要通过宣传教育，使教师了解和知道信息化、网络化社会的特征，以及这种社会对社会成员应具备的信息素养所提出的要求，更要使他们认识到信息爆炸给教育带来的巨大冲击；另一方面，教师自身要以积极的态度转变教育观念，提高对教育技术的重要性的认识。

（1）树立现代教学观。教学观支配着教师的教学实践活动，决定着教师在教学活动中采取的态度和方法。由教师的教向学生的学转化，是现代教学观所倡导的课堂教学实践方向。教师和学生是教学活动中的主体。教师是教的主体，其主体作用体现在对学生学习的引导与指导，即帮助学生实现认识过程的转化，不断提高学生的学习兴趣，在此基础上引导学生运用知识，形成技能，发展能力。学生是学的主体，其主体作用体现在学生是学习的主人，即学生是教学过程中学习任务的承担者，是认识的主体，一切教学活动都要通过学生实施和落实。现代教学观要求用发展的观点看待学生，着眼于调动学生学习的积极性和主动性，教给学生学习的方法，培养学生学习的能力，即着眼于培养学生不断学习、不断探索、不断创新的能力，以适应不断变化的世界。

现代教学观既体现了社会和学生的要求，也体现了教师对自身的角色价值、信念、态度、行为、规范的深刻认识，是教师的角色定位。信息技术运用于教学，改变了传统的教学观，要求教师在教育教学过程中能胜任多重角色：学生综合能力的培养者，学生学习活动的设计者、指导者，主动建构意义的促进者，教学活动的合作者、组织者、研究者。

（2）树立"终身学习"观。自"终身教育"一词提出之后，终身教育、终身学习、学习社会的概念便在全世界范围内迅速传播开来，构建终身教育体系、创建学习社会也逐渐成为联合国及世界各国指导教育改革和社会发展的基本理念。随着学习化社会的到来，学习者主体意识觉醒，终身学习这种理念逐渐被大家认可，我们开始从根本上重新评价师生关系的新的观念与新的策略。教师已无须时刻肩负着教给学生多少知识的重担，教的功能已不再是教会、教全、教得尽善尽美，而是引导学生自己学习、学会、学得融会贯通；教师已无须把教材作为教的目的，而是将其作为教的"材料"；也不必把课堂视为解决学生全部学习任务的空间，教师可以致力于唤醒学生的主动性，创造出以此诱发学生寻到更开阔空间的象征；不必刻意追求传道授业解惑，但可以追求引导与鼓励。

信息技术在教学中的应用，要求教师不断学习和掌握信息技术的理论和方法。而现在许多教师在媒体使用上固守在自己所熟悉的视听媒体上，不愿意尝试将信息技术媒体应用于自己的教学，这些都影响了教师的信息技术应用水平的提高。所以教师要树立"终身学习"的观念，以积极的态度学习新知识，接受新知识。

（3）明确教育信息化的意义。信息社会的高度发展要求教育必须改革以满足培养面向信息化社会的创新人才的要求，同时，信息社会的发展也为这种改革提供了环境和条件。教育信息化的目的是培养跨世纪的创新人才，以实现教育的现代化。教育信息化应以新的教育思想、教育观念指导信息技术在教育的各个部门、各个领域广泛应用，应根据创新人才培养的要求，利用信息技术，探索新的教育模式，促进教育现代化。利用现代信息技术环境，不但利于知识的传授，还能够促进情感、态度与价值观的发展；利用信息及技术环境，有利于学生在学习过程中发扬其主动精神；利用信息技术手段，通过采用灵活的教学方式，有利于培养学生的创新精神和实践能力，提高学生分析问题和解决问题的能力。

3. 引导教师转变教育理念

（1）通过专家讲座转变教师的教育理念。部分教师已经习惯于传统的教学思想、教学观点，对新的思想和观念以至教育理论缺乏足够的敏感性，所以要让教师尽可能地接受现代教育理念熏陶，增强教师转变教育观念的自觉性。专家的讲座，可以使教师了解现代教育理论和信息技术支持下的新型教学理念和教学模式，达到让教师接受新的教育理念、形成现代教育观念的目的。

（2）通过信息技术的学习和运用促进教师转变教育观念。现代教育理念不仅影响教师的教学行为，也影响教师的学习行为。凡是能够激起教师对教育现实产生思考的内容，教师学习的积极性就高，学习效果也好。另外，学到的理论和观念并不能直接地自动形成个人的观念和理论。只有经过学习者创造性实践活动，以及不断地、自觉地反思，学到的理论才能内化成为支配个人行为的观念和理论。

（3）激发教师对信息技术的兴趣。目前，很多教师在课堂中使用信息技术是被动的，这不利于信息技术与学科教学的整合。要使教师积极主动地在教学过程中应用信息技术手段，必须激发教师对信息技术的兴趣。激发教师的兴趣，最主要的是创设一种计算机文化氛围。可以通过请专家来学校讲课、观摩示范教学、观看成功使用信息技术的教师的录像等，使教师感受到现代信息技术的作用，从而扩大自己的眼界，充分认识到传统教学模式已经不再适应信息时代和现代教育教学理念的要求。在此基础上，举办丰富多彩的活动，如电脑备课比赛、课件制作大赛或网页制作大赛等，鼓励每位教师积极参加，让参加的教师有成就感，并通过成功作品展示来感染、鼓励其他教师，使广大教师从不会到愿意参与，从参与到积极主动学习，从积极主动地学习到制作出实用的电脑备课作品，并在教学中尝到成功的喜悦，从而创设一种积极向上的信息化学习氛围。

（二）建立完善的小学教师信息技术培训机制

1. 职前培训：提高教师信息技术应用能力的对策

小学教师较低的信息技术应用能力，与教师的职前培训有非常密切的关系。各类高等院校尽管对师范生进行了信息技术方面的教育，但多数师范生的掌握程度还远远不够。为了与小学教学需要相一致，近年来，大多师范院校都在提高学生的信息技术能力方面做出了切实的努力。师范院校一般都设置了计算机必修课，也设置了与信息技术相关的院系并开设了教育技术公共课程。但是以上信息技术课程的设置，仍存在一些方面的问题，例如，没有统一的培养标准、与小学的教学实践相脱离、与小学的课程内容相脱离等。师范院校的职前培养存在着一定的问题，解决的办法也有很多，可以从以下方面探讨：

（1）制定师范系统信息技术课程的培养标准。师范院校信息技术教育的实施，处于初级阶段，缺少必要的借鉴与参考，没有统一的标准和要求，因此，师范系统信息技术教育没有明确的目标。目前，各院校的标准大多是"自产模式"，各校培养的准教师的水平参差不齐。作为专业要求，能够有效地运用各种技术特别是信息技术开展教学活动，应当成为教师专业素养的一项重要内容。制定基于现代信息技术环境下的教师信息技术标准，就是要明确未来教师职业对教师信息素养的具体要求。在制定标准方面，应该既有实践性，又要具有前瞻性。实践性指所制定的标准要符合我国的国情，遵循教育规律，并具有可操作性；前瞻性指制定的标准要走在时代的前列，把握科学技术和信息社会发展的大趋势，以科学的预见做出超前的决策，保证职前教师信息化的持续健康发展。良好的标准是教育教学指南，它可以为师范类学校指明教学方向，减少不必要的硬件和软件投资；也能使教师更好地理解和应用信息技术教学方式去引导学生；更能使学生明白需要理解和掌握的技能技术，同时也能使教师有意识地将技术融入教学实践中。目前，我国教育部已经成立了教师教育信息化专家委员会，受教育部师范司的委托，进行教师教育信息化相关标准的研究，并可应用于师范生教育。

（2）加强信息技术课程的综合性。随着新课程的实施，综合课程在小学中占有了一定的比重，原有的单一学科教师培养的情况要转变，教师的培养要打破学科界限，培养小学课程需要的综合型教师。新课程的实施要求教师作为知识的传授者、知识的管理者、学生发展的促进者。信息技术是支持教师扮演不同角色的必要工具，这需要结合新课程，对师范生进行信息素养的培养。师范生很难从信息技术课程中得到教学应用的知识，而且信息技术课程的教学方法仍然沿袭传统方法，并没有利用新的技术来促进教学改革。这必然造成与小学的教学实践相脱离、与小学的课程内容相脱离等结果，所以在具体操作时必须注意以下方面：

1）加强与小学的教学实践相结合。新课程的实施和信息技术教育的普及，要求信息技术与学科教学进行整合，也需要新教师有较高的信息专业能力。而师范生往往缺少这部分教学理论和实践知识，因此要使课程与小学教学实践相结合。

2）与入职教育相结合。教师的专业素质是教师信息素养构成的主要因素。对于学科教师来说，技术的学习就是为了教学的应用。教学应用的知识只有经过实践，转化为经验知识，才能更好地应用到教学中去。从教育实习的时间来看，我国师范院校学生的信息技术的教学应用缺少必要的实践时间，这就可能导致新教师专业能力水平较低。因此，师范生的课程设置应该注意与教师的入职教育相结合。

2. 在职培训：提高教师信息技术应用能力的对策

现有教师信息技术培训收效并不明显，其原因主要在于培训模式已经陈旧，而且不能满足广大小学教师的实际需要。因此，当前迫切需要从教育改革和发展的实际出发，制订一套切实可行的信息技术培训方案。

（1）学校领导应重视对教师的培训。学校领导要积极地转变观念，切实认识到信息技术在教育教学中的作用，它不仅体现在软、硬件的配置方面，还要体现在提高教师使用设备的水平上。所以在指导思想上，要把如何加强教师信息技术培训作为工作的重点之一，同时还要认识到培训教师不可能是一蹴而就的事，教师培训要经常化，长期化。

（2）重视对培训者的培训。现在部分学校都由计算机教师来承担对本校教师的培训任务。由于计算机教师仅仅熟悉计算机方面的知识，对于其他学科知之甚少，培训的内容局限在计算机操作技能上，而忽略了培训最根本的目的——提高教师将信息技术应用于学科教学的水平。要达到上述目的，承担培训任务的教师必须具备以下素质：既掌握一定的计算机知识，又能够将其整合到学科教学中。在培训过程中，应采用整合的方法和理念，为参加培训的教师起到示范作用。

（3）各学科教师分开培训。每个学科都有它各自的特点，对于不同的学科，教师需要使用的信息技术的内容也有所不同。如数学教师掌握几何画板的使用方法尤为重要，而对于语文教师而言，几何画板较文字处理的作用要小得多。此外，对于不同的学科，将信息技术应用于教学的方法也不可能相同，各学科的教师应该能够根据本学科的特点设计教学过程，并将信息技术手段应用于教学过程中。要培养教师的这种能力，将各科教师集中起来培训显然是不妥的。因为这样培训没有针对性，所用案例也不能照顾到所有学科的教师。如果受培训的教师只是将所学到的方法生搬硬套到自己的教学中，将产生不良的后果。因此，应在培训时将各科教师分开教学，这样才能针对各学科的特点，为各学科的教师量身定做培训方法、培训内容，使教师能够较快地将所学知识应用于教学。

（4）以建构主义学习理论为指导。建构主义学习理论认为学习不是被动接受信息刺激，而是主动地建构意义，是根据自己的经验背景，对外部信息进行主动选择、加工和处理，从而获得自己的认识。外部信息本身没有什么意义，意义是学习者通过新旧知识经验间的反复的、双向的相互作用而建构的。在培训过程中以建构主义学习理论为指导，一方面，可以为教师在教学中运用该理论提供示范；另一方面，教师对信息技术的学习，也是意义建构的过程，而且教师的学习活动有独特的特点，他们是具有一定实践经验，能够通过学习引导积极开展思考与反思的学习主体，所以建构主义学习理论对于教师的培训和学习、教学和研究工作有很好的指导意义。

（5）培训模式以校本培训为主，并具有多样化的特点。校本培训，指立足于本校资源，以本校为培训基地，由本校发起和规划的、基于学校发展和教师自身专业成长需要的培训活动。这种培训的好处是：培训者和受训者大多是本校的教师，在培训中常常可以身兼双职，能充分调动大家的积极主动性，便于进行合作交流；培训内容主要是基于各个教师在教学实践中遇到的问题，针对性、个别性强，充分体现了灵活性和实用性的特点，有利于充分利用本校的资源，挖掘本校的潜力。同时，这样的培训还有利于教师解决问题和开发课程等科研能力的提高，有利于形成全校教师终身培训、共搞科研的氛围。这种培训方式的特点是：时间可长可短；次数可多可少；形式灵活多样，如专题讲座、计算机知识培训、教学观摩师徒结对等；内容较有针对性，强调实用性，能有效地将信息技术与学科课程结合起来，使培训活动更具活力和效果。

（6）信息技术培训形式应强调和突出"四个结合"。

1）脱产培训与岗位培训相结合。作为在职教师的培训，岗位培训是第一渠道，脱产培训是第二渠道。根据该校教师的实际情况，明确教师岗位培训的内容，落实岗位培训的检查措施。解决好脱产培训与岗位培训相衔接的问题。在对骨干教师进行脱产培训后，提出明确的岗位自培要求，并逐一检查落实情况。

2）系统性与专题性相结合。在培训内容上，克服随意性，强调系统性。将具体系统的内容，分解为若干模块，再将模块又分解成若干个可操作的环节。突出"化整为零，结零成整，零存整取"。即每次培训侧重一个方面，经过多次培训完成较为系统的培训内容。

3）现实性与超前性相结合。长期以来，对教师的培训重视现实需要，忽视未来需要。这是一种目光短浅的表现。教育本身具有超前性的特点，教师的培训在注重现实性的同时，也应注重超前性。因此，在培训中注意着重对一些教育新思想、新观念的介绍，注重了解、掌握，占领教育的"制高点"。让更多的老师了解、掌握上网的操作，与国际接轨。迅速、及时地了解全国乃至世界各地最新的教育教学动态。立足本校，放眼世界。培训中既要重视包含基本操作技能的"基础层面"的培训，又要重视包含Intel未来教育的"提高层面"的培训。既注重对信息技术的学习和掌握，又强调了信息技术在教育教学过程中的运用，尤其是在面对国家新课程标准下的学科课堂教学中的应用。强调在运用中突出信息技术与学科教学的有机结合。

4）理论性与实践性相结合。理论与实践的关系处理是教师培训中的常见问题。在教师培训中，应力求两者的最佳结合。理论联系实际的专题讲座很受教师们的欢迎。理论不能讲授得太多，重点在操作。绝大多数教师应避免再去学枯燥的语言，如Basic语言等，而应将如何面对国家新课程标准下系统设计学科课堂教学，如何将信息技术有效地整合到学科的课堂教学中去放在培训工作的首位。在软件和计算机允许的前提下，培训教师在本学科使用信息技术手段辅助教学，提高课堂教学效率。

（7）重点培训教师的信息化教学设计能力。现在的小学教师信息技术培训中，培训的内容主要是操作系统、文字处理、因特网基础、文稿演示、电子表格、网页制作、课件制作等方面，并没有教学理论以及信息化教学设计方面的内容。因此，教师参加了培训班最大的收获是学会信息技术基本操作，最大的问题是教师不知道自己所学会的信息技术操作如何在自己的教学中使用。因此，不能在信息技术与其他学科之间划分界线，应该在继续教育中全方位渗透信息技术，真正促成受训教师观念的转变、教学方式的转变和信息素养的提升。所以，培训的重点不应在操作方面，而应在应用方面。要培养教师信息化教学设计的能力，最好是以案例为线索，讲授不同的内容时选择恰当的案例，而且案例最好以相应学科教材为基础，通过对案例的分析讲解，一方面，能够使教师学到一定的计算机操作技能；另一方面，能使教师对信息化教学设计产生更直观的认识。

（8）注重对教师信息技术培训的评价，建立效果监督机制。评价对培训的实施起着重要的导向和监督作用，评价的目标体系、方式、方法等都直接影响培训目标的实现。

1）评价环节要贯穿始终。目前，教师培训的评价只是在培训结束时，才对教师的信息技术水平进行考核，这样的评价方式完全不能起到评价应有的作用。应该从培训的第一天到最后一天，从每天的第一节课到最后一节课，在恰当的时候对学员进行评价。这样的评价方式有利于及时了解学员在发展中遇到的问题，所付出的努力以及获得的进步，也就有可能对学员的持续发展进行有效的指导。

2）评价方式要多种多样。教师的信息素养包括多方面，有信息意识，信息技术水平，信息化教学设计能力等。目前，教师信息技术培训仅仅使用上机考核的方式，这样只能了解到教师的信息技术水平，而不能对教师其他方面的水平进行考核。因此，必须使用多种评价方式才能全面地了解教师的信息素养以及培训效果。对于教师信息技术水平的评价可以使用现有的评价方式即通过上机考核的方式，而对于教师的信息化教学设计能力的评价，可以要求学员设计有关信息技术整合于学科教学的教案，也可以通过听课的方式了解教师的信息技术应用水平。

（三）推进信息技术与小学各学科课程的整合

信息技术与课程整合的本质与内涵是要求在先进的教育思想、理论的指导（尤其是主导—主体教学理论的指导）下，把以计算机及网络为核心的信息技术作为促进学生自主学习的认知工具与情感激励工具、丰富的教学环境的创设工具，并将这些工具全面应用到各学科的教学过程中，使各种教学资源、各个教学要素和教学环节，经过组合、重构、相互融合，在整体优化的基础上产生聚集效应，从而促进传统教学方式的根本变革（也就是促进以教师为中心的教学结构与教学模式的变革），达到培养学生创新精神与实践能力的目标。

1. 信息技术与学科课程整合的目标

信息技术与课程整合的目标，是指建设数字化教育环境，推进教育的信息化进程，促进学校教学方式的根本性变革，培养学生的创新精神和实践能力，实现信息技术环境下的素质教育与创新教育。具体可以概括为以下几个方面：

（1）培养学生获取、分析、加工和利用信息的知识与能力，为学生打好全面、扎实的信息技术基础，培养学生的信息素养与文化素养。

（2）培养学生终身学习的态度和能力。使学生具有主动吸取知识的意愿并能付诸日常生活实践，要将学习视为享受，而不是负担；要能够独立自主地学习，能够自我组织、制订学习计划，并能控制整个学习过程，对学习进行自我评估。教师只是学习的指导者、建议者，而不是学习过程的主宰者。

（3）培养学生掌握信息时代的学习方式。信息技术的飞速发展，对于人类的学习方式产生了深刻的变革作用，学习者将从传统的被动接受式学习转变为主动学习、探究式学习和研究性学习，学习者必须学会利用各种资源进行学习，学会在数字化情境中进行自主探索的学习，学会利用网络通讯工具进行协商交流、协作讨论式的学习，学会利用信息加工工具和创作平台进行实践创造的学习。

（4）培养学生的适应能力、应变能力与解决实际问题的能力。在信息时代，知识量剧增，知识成为社会生产力、经济竞争力的关键因素；知识的更新率加快，陈旧率加大，有效期缩短。另外，知识的高度综合性和各学科之间呈现相互渗透的趋势，出现了更多的新兴学科、交叉学科，由此带给人们难以想象的社会生活、经济生活、政治生活和人类一切领域内深刻而广泛的影响。在这种科学技术、社会结构发生剧变的大背景下，培养学生的适应能力、应变能力与解决实际问题的能力，将变得至关重要。

2. 信息技术与学科课程整合的形式

（1）教师利用信息技术，在电子设备上备课、演示教学内容。备好课是上好课的前提，教师有效地利用信息技术备课、教研、上网查询资料编写电子教案，使用目前流行的教学软件，如PowerPoint、Authorware、3D等多媒体制作工具，综合利用各种教学素材，编写演示文稿或教学课件。通过文字、声音、图像、动画等多媒体的形式呈现教学信息，有利于刺激学生的多种感官，有利于学生对知识的获取和掌握。多媒体有助于教师创设更生动、逼真的问题情境，有效地引导学生进入情境，自主学习，这一形式是整合的最低层次。

（2）利用信息技术给学生提供自主学习和探究性学习的资源环境。利用网络资源给学生创造一个自主学习、探究性学习的外部环境。在这个过程中教师和学生要适应角色的转变，教师是教学的主导因素，给学生以正确的引导、启发，学生是教学过程的主体，这种整合的形式可以使课堂教学活动延伸到课外。

（3）利用信息技术进行师生之间的交流、个别辅导和答疑。多媒体的重要特征之一是交互性，在校园网或互联网环境下，教师和同学之间的交流可以采用QQ、微信、钉钉等形式，不受时间、空间的局限，使交流具有间接性、独立性、灵活性、多样性和拓展性。这种整合形式超越了时空界限，这种个别化教学策略对于发挥学生的主动性和进行因人而异的辅导是很有帮助的，同时也有利于师生之间情感的交流和互动学习。

（4）利用信息技术进行同学之间的交流和协作式学习。协作式学习是让一群学习者共同协作，完成某项既定学习目标的教学方法。在协作学习过程中，学生为了达到小组学习目标，个体之间可以采用对话、商讨、辩论等形式对问题进行充分论证，以期获得达到学习目标的最佳途径。许多学习活动都可以通过小组协作的方式开展，如软件操作的使用、作品的制作、程序设计的算法交流等，网络环境为这种协作学习方式提供了很好的平台。

（5）利用信息技术进行教学测试和教学评估。教师可以利用现成的教学测试软件和计算机辅助测验软件，有能力的教师也可以自己设计练习题、编制试题库和测试软件，通过校园网对学生进行综合测试和教学评估。这是一种比较好的信息技术与课程整合的方式，但要制作智能化、交互功能很强的软件难度比较高，一般学校的信息技术人员很难实现。因此，这类软件在平时的公开课和评比课中很难见到。

（6）利用信息技术对教学内容、体系结构、教材进行改革的尝试，以适应整合的需要。将信息技术融合到各个课程的教学中，必然引起教育内容和体系结构改革，教育内容的表现形式也必定由原来的文本性、线性结构变为多媒体、超链接结构形式。已经有越来越多的教材和工具书制成了电子版的，不但包含文字和图形，还能呈现声音、动画、录像、电影等，教师不但要学会使用电子版的教材，还应该会将文本教材改编为电子教材，以适应信息技术与课程整合的需要。

3. 信息技术与学科课程整合的方法

信息技术与课程整合的最终结果以综合学习形式出现，归纳起来，信息技术与课程整合即综合学习的教学模式大致有以下几个方面：

（1）基于问题（任务）的学习。以"任务驱动"组织教学过程的思想，是建立在建构主义教学理论基础上的。"任务驱动"教学法强调学生在真实情景中的任务驱动下进行学习，学习活动必须与大的任务或问题相结合，以探索问题来引发和维持学习者的兴趣，这一教学方法适用于培养学生的创新能力和独立分析问题、解决问题的能力。

（2）基于方案的学习。在我国，一般称之为"研究性学习"，它是对主题和专题作深入研究的模式，包括收集信息、加工信息、应用信息等过程。

（3）基于主题（专题）的学习。"主题"是一个比较宽泛意义上的概念，"专题"是一个比较抽象的概念，有时也指更为具体的讨论。专题需要较多的计划，专题经过发展即变成主题，包括发现问题及为解决问题开展调查活动、报告会等过程。

第二节　小学教师翻转课堂模式的运用能力

随着信息技术的飞速发展，教育进入了信息化时代。信息技术在支持和促进教育的同时，也在变革着传统教育形式，一种将知识传递置于课前、知识内化置于课上的颠倒传统课堂课上、课下环节的教学形式——翻转课堂应运而生。在信息技术的支持与推动下，翻转课堂以其"以学生为中心"的教育理念、灵活的教与学的方式、关注学生个性化与全面化发展的思想，受到越来越多教育工作者的青睐，并被全球范围内越来越多的教育工作者应用于教学实践。

一、小学教师翻转课堂模式运用能力的重要性

"翻转课堂"作为一种新的教学模式，在当前信息化背景下得到了研究和发展，对我国教育教学改革有着重大的影响。

（一）落实"以人为本"的理念

新课程改革强调关注每一个学生的主体性发展，强调教学是师生信息和情感交流、师生沟通、师生积极互动、促进学生各方面发展的过程；强调教师是学生发展的促进者，学生是学习的主体，是人格独立的、有个体差异的人，同时也是富有潜力的人。新课改要求教学方式的创新，同时引领学习方

式的创新。

小学教师翻转课堂模式的研究能够促进基础教育改革的发展和提高翻转课堂教学的有效性。一方面，新课程改革成败的关键在于课堂教学的改革，运用课堂录像，深入教学领域，研究翻转课堂的教学实践，是新课程改革实践研究的需要，也是课堂教学研究的实践价值所在；另一方面，课堂教学的有效性追求教学过程设计要从促进学生发展的角度出发，关注学生学习的有效性，还包括学生学习的动机、兴趣以及主动参与性等因素。所以研究翻转课堂教学实践及其教学过程的特征，不仅是新课改的需要，也是提高基础教育领域中课堂教学有效性的需要。

（二）丰富并发展了教学理论

教学模式是连接教学理论和教学实践的桥梁，可以较好地发挥教学理论的具体化和教学活动方式的概括化的作用。在我国的实际课堂教学中，一线教师依然沿袭着传统的课堂教学模式，即教师讲、学生听。老师成为学生的主宰，学生在课堂上仅仅是教师的忠实的"倾听者"，学生只是一个知识的"容器"。随着信息化时代的到来，信息技术极大地改变了我们的教学方式，传统课堂教学模式受到前所未有的挑战。在这种情况下，美国翻转课堂教学模式的出现为我们的传统课堂教学改革提供了极大的借鉴意义，探究翻转课堂教学模式具有较大的意义和价值。翻转课堂为当前教学模式的探索提供了丰富的素材和实践探索的经验。

（三）指导教学改革进行实践

翻转式课堂教学模式相比于传统的课堂教学模式具有很大的优越性，它融合了传统课堂中的直接讲授和混合式教学模式，把课堂时间的运用发挥到极致。开展信息技术支持下的翻转课堂式教学模式研究，探索适合中国课堂教学的模式，为有效地指导我国教学改革的实验提供了理论和实践方面的经验，提供了可供参考的实证研究。

二、小学教师翻转课堂模式运用能力的培养内容

翻转课堂作为一种新兴的课堂模式，最大的翻转是重塑了传统教学中的师生角色定位。学生不再是教师课堂教学的被动接受者，课堂的教学重点也转变为结合学生在课前遇到的问题组织教学。

（一）翻转课堂模式的运用步骤

翻转课堂模式的运用步骤包括以下方面：

1. 课前准备

课前准备可以从教师活动与学生活动两方面进行探讨。

（1）教师活动。

教师活动包含分析教学目标和制作教学视频，具体内容如下：

1）分析教学目标。当我们一谈到翻转课堂，人们的第一反应就是制作教学视频。但是在制作教学视频之前，我们需要分析教学目标。教学目标就是通过教学活动期望达到预期的结果。明确教学目标，即我们期望学生通过教学知道什么、获取什么，这是任何教学首先要明确的关键之处。只有教学前确定清晰的教学目标，我们的教学才有针对性，才能明确我们要采用的具体的教学方法。哪些内容需要探究式的教学方式，哪些内容需要直接讲授等。那么实施翻转课堂教学模式之前的教学目标的分析，不仅有利于我们分析什么内容适合通过视频的方式直接讲授给学生，哪些内容适合在课堂上通过师生的合作探究获得最佳的教学效果。明确教学目标，避免教学中的盲目性和无目的性。

2）制作教学视频。在翻转课堂中，知识的传递是通过视频来完成的。教学视频可以由教师自己录制，也可使用其他教师制作的教学视频或者网络上优秀的视频资源。制作教学视频是翻转课堂教学模式的重要部分。制作教学视频的具体步骤如下：

第一，做好课程安排，明确课堂教学的目标，从而确定视频是否是完成课堂的教育性目标的合适的教学工具。如果教学内容不适合通过教学视频直

接讲授的方式，那么不要仅仅因为要实施翻转课堂而去使用视频，翻转课堂并不仅仅是为课堂制作教学视频。

第二，做好视频录制。在录制教学视频过程中应考虑学生的想法，以适应不同学生的学习方法和习惯。大部分实施翻转课堂的学校在录制的教学视频中并不呈现教师的整个形象，而是呈现一双手和一个交互式白板，在白板上有教师所讲授内容的概要。录制教学视频必须要有一个安静的环境，这样制作出来的视频才能保证学生在观看时不受视频中噪音的干扰。

第三，做好视频编辑。翻转课堂教学视频的后期制作非常有价值，它可以让教师在编辑视频的过程中改正视频录制中的错误，避免重新录制视频。

第四，做好视频发布。发布视频是为了让学生能够观看到教师制作出来的视频，在此阶段对于教师最大的问题在于把视频放在何种地方以使学生都能够观看视频。不同的学校会根据本地区、本学校和本校学生的具体情况来确定视频发布的地方。一般而言，会把制作出来的教学视频发布到一个在线托管站点，如学习通、知到、腾讯视频等，也会为家里没有网络或者电脑的学生制作DVD。总而言之，学校可以选择一到两种方法满足学生的需要。

（2）学生活动。

1）观看教学视频。教师通过对教学内容的分析，把适合直接讲授的内容的部分用教学视频的形式教给学生，在一定程度上避免了课堂时间的浪费。学习速度快的学生可以快速地进行知识的学习。对于学习速度慢的学生，他们不用担心传统课堂上跟不上教师节奏的问题。他们可以根据自己的实际学习情况对教师讲授的内容做适时的停顿。在观看教学视频的过程中，学生遇到不懂的地方可以做笔记，把自己不懂的问题带到课堂，这样，学生可以完全掌控自己学习的步调。在此过程中，学生需要对所观看的教学视频里讲授的知识做一定程度上的梳理和总结，明确自己的收获和疑惑的地方。

2）做适量练习。学生观看完教学视频后需要完成教师布置的针对性课堂练习。这些练习是教师针对教学视频中所讲的知识，为了加强学生对学习内容的巩固并发现学生的疑难之处所设置的。根据"最近发展区理论"，教师需要对课前练习的数量和难易程度做合理设计,明确让学生做练习的目的是帮助学生利用旧知识完成向新知识的过渡,有利于学生巩固与深化教学视频中的知识。学校可以通过网络交流平台与学生进行互动,了解学生在观看教学视频和做练习过程中遇到的问题。教师可以通过学生所做的练习的反馈情况时刻了解学生实际的学习情况。与此同时,同学之间也可以进行互动,彼此交流收获,进行互动解答。

2. 课中教学

(1)确定问题,交流解疑。人是社会中的人,只有在交流中才能实现成长。在传统的课堂教学中,教师主宰着课堂,师生之间的交流是建立在师生地位不平等的基础上的,课堂中要实现真正的交流需要一种融洽的环境做保障。学生在观看教学视频的过程中,由于本身的知识结构、看问题的角度不同,对事物的理解也会不同。因此,学生之间会产生一种认知的不平衡,学生之间认知的不平衡会导致学生新的认知结构的产生。在课中活动的开始阶段的交流中,教师需要针对学生观看视频的情况和通过网络交流平台所反映出的问题进行解疑。学生也可以提出自己在观看教学视频中所存在的疑惑点,与教师和同学共同探讨,这样,学生本身就是一种交往的学习资源。

(2)独立探索,完成作业。独立学习的能力是学生必备的能力之一。一个没有独立学习能力的人,必然无法在社会中生存。独立性是个体存在的主要方式。在传统的课堂中,教师一手包办学生的学习。课堂的大部分时间用来讲授知识,学生课下时间被大量的机械性的作业所填满,学生独立学习和探索的能力越来越被压制。学生是独立的个体,他们本身有着独立学习的能力。知识结构的内化需要学生经过独立的思考,而教师只能从方法上引导学生,而不能代替学生完成学习。翻转课堂为学生提供了个性化的学习环境,学生在课堂中独立完成教师所布置的作业,独立进行科学实验。在学生独立完成作业的过程中,他们能审视自己理解知识的角度,建构知识的结构,完成对知识的进一步学习。教师要在刚开始时给予学生一定的指导,帮助学生完成任务。待学生有一定的独立解决问题的能力的时候,教师就要及时放手，逐渐让学生在独立学习中构建自己的知识体系。

（3）合作交流，深度内化。学生在独立探索学习阶段，已建立了自己的知识体系。但是要实现知识的深度内化，则需要在交流合作中完成。人是社会中的人，交往是人与人之间直接的相互作用的过程。交往行为是一种主体之间以符号为媒介的相互作用。这里所说的"符号"主要指语言，通过对话，达到人与人之间的相互理解和一致。交往学习是学生在与他人的对话、交流、讨论等学习活动中所开展的学习过程，学生在此过程中实现自身的发展。

在翻转课堂里，可以看到的课堂形态为：学生分成小组，一般为3~4人为一组，学生与学生之间通过独立探索阶段的所学，与同伴交流自己对知识的理解。教师不是站在讲台上，俯视着课堂里所发生的一切，而是走下讲台，真正地融入学生的小组合作活动中。当学生在讨论中遇到问题时，教师可以给予他们及时的帮助，引导学生改正对知识的错误认知。在此过程中，学生的批判性思维、课堂参与能力和对待学习的态度发生很大的改变，真正把学生推到学习的主体地位。当学习本身成为学生自身需要的时候，学生就会成为学习的主人，变"要我学"为"我要学"。教师也从说教、传授的角色转变为学生学习的引导者和促进者。合作学习越来越受到教育界的关注，现今学校很多课堂教学采用合作学习、小组学习等。但是在传统课堂里，合作学习只是课堂教学的一种补充，难以真正发挥学生探索的积极性，合作学习只是流于形式。在翻转课堂教学模式下，在课堂上，学生与学生之间、学生与老师之间的合作学习才是真正意义上的合作学习。

（4）成果展示，分享交流。学生在经过独立探索和合作交流后，完成个人或者小组的成果。学生可以通过报告会、展示会、辩论赛或者小型的比赛等形式交流学习心得、体会。在成果展示过程中，学生或小组可以通过教师与学生的点评获得对知识更深的了解。同时，可以通过观看其他学生或小组的展示，学习到他人的优点，明确自己的优势与不足。学生在此过程中，能不断领略学习给他们带来的乐趣，更以一种积极的乐观心态面对以后的学习，增强自信心。这也是一个交流的平台，学生在交流中彼此的智慧火花得以展现。教师在分享交流环节可以通过学生或者小组的汇报，明确学生对知识的掌握水平，有针对性地进行后期的"补救"工作。当然，在学生展示的环节，教师所做的是为学生创设一个民主、平等、和谐、自由的课堂环境，适时调控学生学习的进程和发展方向。实施翻转课堂教学模式的学校在成果展示环节，教师不仅鼓励学生在课堂上进行展示，学生也可以在课下通过制作微视频的方式把自己的成果上传至网络交流区，供教师和同学讨论和交流。翻转课堂教学的成败并不在于视频的制作，而是在于课堂学习活动的设计。如何改变传统的教师主宰课堂的局面，让学生真正成为自己学习的主人，是翻转课堂教学模式给我们的课堂教学带来的考验。

（二）翻转课堂模式的运用策略

一定的教学模式要想收到好的教学效果，必须得靠一定的教学策略来保证。所谓教学策略，是在教学目标确定以后，根据一定的教学任务和学生的特征，有针对性地选择与整合相关的教学内容、教学组织形式、教学方法和技术，形成的具有效率意义的特定的教学方案。教学策略具有综合性、可操作性和灵活性等特征。因此教学策略具有动态的构成维度和静态的内容构成维度。教学策略的内容构成在一定程度上反映出其动态的维度。

教学策略的内容构成包括三个层次：第一层次指影响教学处理的教育理念和价值观倾向；第二层次是指达到特定目标的教学方式的一般性规则的认识；第三层次是具体的教学手段和方法。教学策略可以来自理论推演和具体化操作，也可来自实践教学经验的总结和概括。翻转课堂教学模式的精髓是让学生对自己的学习负责，充分尊重学生的主体性地位，让学生成为自己学习的主人。改变传统课堂满堂灌的局面，变课堂为学生个性化的学习环境，其策略是：以为学生创设个性化的学习环境为基础，以培养学生学习的主人翁意识和创新能力为核心，通过制作教学视频和利用一切有用的教学资源，让学生在课前完成知识的掌握和课堂中一系列的学习活动的方法，让学生在自主学习、独立探索、合作探究中实现知识的内化，探求知识的意义。具体来讲，翻转课堂教学模式的教学策略有：学生学习的策略、教师教学的策略和师生相辅的策略。

1. 学生的学习策略

学习策略是学习者在学习活动中，进行有效学习的规则、方法、技巧与调控。它既包括内隐的规则系统，也包括外显的程序与步骤。在翻转课堂教学模式中，学生在课前需要尽量了解和掌握知识，课中则以独立探究、自主学习为基础，以与同伴的合作学习为纽带，实现所有学生的独立性、创造性和合作性综合素质的全面发展。

（1）学生课前观看教学视频的策略。翻转课堂教学模式是通过教学视频完成在传统课堂里通过教师直接讲授给学生的知识。学生在课前需要完成知识的初步学习，一般是原理性或事实性知识的学习。学生观看教学视频所采取的策略是一种对自己本身学习调控的过程。教学视频的时间一般在7~10分钟，我们习惯称之为"微视频"。在这短短的十分钟的视频中完成理论知识的学习，这需要学生有一定的自制力和控制力。首先，学生要选择一个较为安静的环境，这样才能免受外界的打扰，专注地观看教学视频。其次，针对自己的情况适时"倒带"。学生在观看视频时，会遇到不同的问题。对于基础弱的学生，抱着快速完成任务的心态，这样是对自己的学习不负责的表现。学生应该对自己的实际水平有一个客观的评价，在开始阶段就扎实自己的基础。最后，要做笔记，记下自己不懂的地方，或者自己感兴趣、想要进一步了解的问题。这是学生看教学视频中要做的重要的事情。若学生看教学视频，只是在脑子中过一遍，并没有与自己的原有知识结构发生反应，没有自己的思考，这就是无效的学习。这也是培养学生问题意识的重要一步。

（2）学生独立探究策略。美国国家科学教育标准把探究定义为：多层次的活动，包括观察、提出问题；通过浏览书籍和其他信息资源发现什么是已经知道的结论，制订调查研究计划；根据实验论证对已有的结论做出评价；用工具收集、分析、解释数据；给出解答，解释和预测。探究要求确定假设，进行批评的逻辑的思考，并且考虑其他可以替代的解释。独立探究策略既是一种学习策略，也是一种教学策略。

独立探究策略具有主体性、独立性、实践性和开放性等特点，主体性为最重要的特征。当今世界的发展需要学校培养具有独立研究能力的学习者。一个具有探究能力的人才能具有创新能力，才能体现出人作为独立个体存在的价值。在翻转课堂教学模式下，学生主动参与到学习过程中，积极从事学习活动。翻转课堂教学模式不再只注重教学效果，而更关注学生获得知识的过程。在这个过程中，教师的讲授逐渐让位于学生自主学习的过程，学生不能再依赖教师事无巨细的讲解，而应该培养自己学习的主动性。学生在独立探究的过程中会遇到很多的问题，教师的角色从讲授者变为引导者。学生学到知识，体验到学习到给自己带来的成就感，更能激起他们对探究的兴趣。

（3）学生合作学习策略，合作学习又称协作学习，是以现代社会心理学、教育社会学、认知心理学等为基础，以研究与利用课堂教学中的人际关系为基点，以目标设计为先导，以师生、生生、师师合作作为基本动力，以小组活动为基本教学方式，以团体成绩为评价标准，以标准参照评价为基本手段，以大面积提高学生的学习成绩，改善班级内的社会心理气氛，形成学生良好的心理品质和社会技能为根本目标，极富创意与实效的教学理论与策略体系。

2. 教师的教学策略

教师制作教学视频的策略。在翻转课堂教学模式中，教师需要制作高质量的教学视频。可汗学院所制作的微视频一般不呈现教师，只展现一块白板和教师的一双手。乔纳森在如何制作高质量的教学视频方面一直不断探索。他提出教师可以制作自己的教学视频。也可以采用网络优秀教学视频。

录制教学视频所需要的是：截屏程序、一台电脑、电子笔输入设备、麦克风、网络摄像头。教师在制作教学视频时，可以使用截屏功能，在教师完成教学视频后，可以根据实际情况，把不需要的部分用截屏功能去掉以修改。在录制过程中，可以使用屏幕录制功能进行录制，快速捕捉视频中的重要部分，也可使用网络摄像头这种方便的录制方法。当教师需要在白板上作图以供学生理解时，教师可以使用数字笔做注释。这样，学生可以清楚地知道教师讲授内容的重点，尤其是需要用图来解释的数学原理，做注释能让学生更容易理解。

教师在制作教学视频中有以下要注意的地方有以下几个方面。首先，保持教学视频的时长适中，这要根据学生注意力的特征而设定时间。其次，使自己的声音有活力、生动，节奏流利。当教师以流利的语言讲授内容时，学生的注意力更容易被吸引。如果教师的语言和语调不生动，没有起伏变化，自然不能赢得学生的喜爱和兴趣。乔纳森在录制视频过程中，经常变换自己的音调，或许这句话是纯正美式英语的时候，下一句就可能是带有法语、意大利语的音调，教师的语言和语调强烈地吸引着学生。最后，教师可以在制作的教学视频中增加幽默的语言。

教师引导学生观看教学视频的策略。如何引导学生观看教学视频是实施翻转课堂教学模式的非常重要的第一步。一种教学模式要想收到理想的效果，做好第一步很关键。教学生观看教学视频就像教学生怎么样阅读和使用教材一样重要。观看教学视频并不像观看电影或者电视节目一样，这些教学视频需要学生认真观看。教师在实施翻转课堂教学模式前，需要告知学生如何观看教学视频。首先，教师要尽量消除影响或分散学生观看教学视频的因素，例如，学生在观看教学视频的过程中，可能会把其他网页打开或者听音乐等影响认真观看教学视频的事情。因此，在实施翻转课堂教学模式之初，需要教师把学生集中起来，进行观看教学模式的训练，如在学生遇到不懂的地方的时候如何按"停键""倒键"，教师需要学生学会自己控制教学视频，并告知学生这些可以帮助学生看到教学视频的价值。更重要的是，这有利于学生真正实现"掌控"自己的学习。其次，教学生做笔记的技巧。做笔记的方法很多，以康奈尔式做笔记系统为例，教师可以给学生一个样板，让学生根据这个样板做笔记。学生不仅可以记下重点，还可以针对自己从教学视频所学习的知识中找出问题和做出知识点的归纳总结。最后，要求学生针对所观看的教学视频提出自己感兴趣的问题。这不仅可以了解学生是否观看教学视频，还培养了学生的问题意识。当学生在谈论交流环节提出自己的感兴趣的或者自己想要更深入了解的问题的时候，生生之间、师生之间共同探讨，交流的时间和机会得到拓展。

教师课堂教学的策略。翻转课堂教学模式最重要的不在于教学视频的制作，而在于教师在课堂中教学活动的组织。翻转课堂与传统课堂最大的不同在于：通过不同的教学活动让学生在活动中完成知识的建构。在传统课堂上，教师的教学策略只关注把知识传授给学生，不考虑学生的具体情况。而翻转课堂教学模式的实施靠教师组织不同的教学活动。由于在翻转课堂中，知识的传授被放在课外，课堂教师有更多的时间来设计活动。

教师可以针对自己本身所教授的科目、教学风格，采用不同的课堂教学策略。例如，对于外语的学习，教师可以根据本科目的特点设置更多的对话、阅读国外文学、写故事等活动，使学生在课堂中，从实践操作中学习外语。教师不必在课堂上一味地讲解语法等知识，课堂真正被用来组织让学生有更多机会参加到课堂的活动。教师除了要组织不同的教学活动，还要具备一定的课堂引导力。在上课伊始，教师可以采用提问策略检查学生观看教学视频的情况。所提的问题必须是教师基于对本科的设计精心挑选的，教师在此环节要适时引导。同时，要营造一种宽松愉悦的氛围，鼓励学生说出自己的观点或者提出自己对教学视频的疑问。翻转课堂是以学生为主体的课堂，教师成为真正的引导者，如何让学生顺着自己"导"的方向是一门学问。因此教师必须要具备足够的知识储备和一定的课堂管理能力，使课堂时间得到高效的利用，让学生在课堂中得到真正的发展。

3. 教学相辅的策略

随着时代的发展，它对学生的自主性意识、合作意识和探究意识提出了更高的要求。学校需要对学生的自主性、合作性、探究性予以重视和培养。翻转课堂教学模式以学生的自主学习为基础，以合作交流为纽带，以探究性学习为学生发展的动力。翻转课堂教学模式关注学生主体性意识的培养，学生的自主性学习是其学习的关键，让学生成为自己学习的主人。同时，翻转课堂教学模式的实施要靠教师、学生之间的合作交流和群体活动以实现。

翻转课堂教学模式强调学生的自主性学习，让学生"掌控"自己的学习。无论课前教学视频的观看还是课堂学生独立完成作业等，都需要学生自主学习。课前教学视频的观看，学生根据自己的掌握情况可以选择"倒带"，也可选择"前进"。课堂独立完成作业的环节需要学生独立思考，遇到不懂的问题可以请教教师。可以说，翻转课堂教学模式为学生提供了一种比较理想的个性化学习环境。但是翻转课堂教学模式以学生的自主性学习为基础并不意味着可以让学生放任自流，这种教学模式并不是要排除教师的指导。虽然可以使用其他教师录制的优秀教学资源，但是教师对自己的学生的具体学习情况有清楚的了解，可以针对学生的情况确定录制的内容、讲解的详细程度等，再者，学生普遍更愿意观看自己教师录制的教学资源。

在课堂教学环节，教师对学生的引导和在学生遇到问题时给予的帮助和指导对于翻转课堂教学模式的实施都尤为关键。翻转课堂教学模式的关键就在于教师对教学活动的设计。在教学评价环节，教师需要了解学生对知识的掌握情况，给予及时的反馈，学生明确自己的学习情况。学生达到能够自己掌控学习的构成需要教师的引导，学生的合作学习和探究学习都离不开教师的引导。在小组合作学习活动中，教师要为学生创造一种让学生真切感受到他们是一个团体，彼此相互依赖的氛围。在学生交流中，需要教师创造环境，让学生交流思想与观点。因此，这些合作活动的开展都是建立在教师发挥主导作用的基础之上的。在翻转课堂里，教师在学生小组活动环节走入学生群体中，了解学生的学习需要，把控学生的讨论进程。

在学生小组合作中遇到瓶颈时，教师应给予及时的帮助和指导，对学生思维维度予以调控，让学生打破思维的限制，达到更高的理解水平。学生的独立完成作业环节需要教师的帮助，教师要具体了解学生在独立完成作业的过程中所遇到的问题。若是个别性的问题，教师可以给予个别辅导；若是学生普遍存在的问题，教师需要在全体学生中进行详细的讲解。

第三节　小学美术教师慕课模式的运用能力

"慕课作为一种新兴的开放式的在线课程模式，对未来基础教育创新发展具有重要影响。"①随着信息化发展，能否有效地依托先进网络信息技术来建构符合时代特征的有价值的教育教学模式，一直是教育界思考的重点问题。与其他课程相比，小学美术课程少、内容多，要想持续性激发学生学习美术的热情，帮助学生系统深入地掌握美术技能，小学美术教师就应该积极顺应时代发展，大胆创新，勇于探索，发挥慕课大规模在线开放式的教学优势。

一、小学美术教师运用慕课模式的意义

在信息化发展的大背景下，教学早已不再局限于课堂。高速发展的网络，使得教学资源变得更加丰富。慕课模式正是对现代化教育技术和网络信息技术的高效应用，让更多的学生通过网络就可以在线上学习美术课程。与此同时，慕课模式对于小学美术教师而言，有效地解决了教学资源和教学方法匮乏的问题，有助于提高个人的专业能力，提升教学水平。小学美术课程包括造型表现、设计应用、欣赏评述以及综合探究四个板块，课程少、内容多，对于喜爱美术的小学生而言，仅仅依靠课堂教学是无法有效掌握美术技能的，而通过慕课模式，可以满足学生持续学习美术的愿望，避免课堂上教师示范不能照顾到所有学生的问题，学生在家可以通过电脑或者手机观看视频进行自主学习，家长也可以参与到孩子的美术学习活动中。学生在学习过程中存在疑难的地方可以与教师在线交流。小学美术教师也可以借鉴网络上的优质慕课来改进教学，提高质量，实现对多元化教学资源的有效利用。

---

① 陈曼曼.信息化发展背景下的小学美术慕课模式研究[J].新课程（小学），2019（8）：131.

二、小学美术教师慕课模式的运用策略

（一）美术课程内容的选择

一般而言，慕课课程内容应该面对全体学生，能够帮助学生深入持续性地学习。很多小学美术教材对教学内容只是进行了基础性的讲解和阐述，无法满足学生系统、深入学习绘画技能的需求，为此，小学美术教师可以在课堂教学的基础上设计慕课教学。

以"让剪影动起来"教学为例，这节课完全可以通过慕课教学的形式，让学生在家中观看慕课视频，并与家长一起来完成剪影的制作。教师提前将剪影制作的知识、技巧以及示范过程录制下来，上传到班级的腾讯QQ群或者其他网络平台上，让学生回家下载并在家长的帮助下，准备卡纸、剪刀、铅笔、橡皮、双面胶、小木棍、针线等材料。学生可以自己设计花纹图形，也可以从网上下载现成的剪影图案，结合慕课视频讲解，进行自由创作，最后将作品上传到网上进行展示。教师通过网络，从创意、造型、剪影的灵活度等方面对学生作品进行指导和点评即可。这样既能激发学生制作剪影的兴趣，提高学生艺术创作的能力，还能够利用网络资源和现代化信息技术来开展美术教学，避免课堂教学时间有限、教师个别指导不到位等不利因素，让每一个孩子都充分体会到艺术创作的快乐。所以，小学美术教师应该根据课程标准的要求，结合学生的实际情况，选择那些更适合在课下开展的教学内容，有计划地开展慕课教学。

（二）美术课程慕课的录制

小学美术教师在进行慕课录制时，需要先对教学内容和学生学情有一个全面的了解，然后再制作脚本，这里的脚本就是我们所讲的教学设计。教学设计一定要做到具体细致，确保教学过程和教学方法的合理性，一定要让学生更容易理解和接受美术知识。我们现在所采用的慕课录制方式主要分为在专业的摄影棚进行拍摄和在美术教室进行拍摄两种。在录制慕课时，需要保证课程的完整性，光线、声音、画面都要控制好，录制完毕后还要进行素

材导入、声画对位、镜头组接、特效包装、字幕校正等后期的编辑整理。此外，在保证课程环节完整的前提下，可以将原本录制的一节课分解成若干个短小视频，方便学生通过网络平台进行自主学习。

（三）美术慕课师生的互动

小学美术慕课师生之间的交流互动，可以通过在线网络来进行。当学生在观看和学习过程中，发现问题可以及时与老师在线交流，将原本在课堂上的交流互动转移到网络平台上。小学美术教师也可以通过网络平台来督促和指导学生完成学习任务，掌握学生的学习状况，及时地发现和反馈问题。与此同时，小学美术教师还可以根据慕课学习内容，利用在线网络平台布置作业，学生将作业成果在线反馈给教师，教师在线进行评价，保证慕课学习质量。

（四）美术慕课资源的共享

小学美术慕课通过合作共享的方式，能够实现教学资源的高效利用。作为小学美术教师，应积极加入慕课研发行列，根据自己的教学风格和专业特色设计不同种类的慕课，既有助于教师之间的相互学习，共同进步，又能够建设一个多元化的小学美术教学资源平台，推进小学美术教学的创新发展。此外，资源的共享突破了传统课程教学模式，教师将慕课上传到网络上，学生不必根据课程表进行固定化学习，可以结合自身实际情况，灵活地选择学习进度和学习内容。

在信息化发展大背景下，推广小学美术慕课模式已成为一种必然趋势。但不可否认的是，慕课只能作为传统美术教学的补充，尤其对于处于培养阶段的小学生，需要教师手把手地指导。小学美术教师应该积极借鉴优秀教师的慕课视频，提高自己的教学水平，同时也要将自己制作的精美慕课上传到网络平台上，方便学生在课下反复观看与学习。总而言之，慕课的意义非同小可，慕课拓宽了教学的广度和深度，让教师的教学变得更加高效，有利于学生进行自主学习。

参考文献

[1] 陈曼曼.信息化发展背景下的小学美术慕课模式研究[J].新课程（小学），2019（8）：131.

[2] 杜娟，孙国春."德知能合一"的小学教师培养范式探索[J].教学与管理（理论版），2021（5）：62-65.

[3] 黄路遥."双减"背景下小学教师职业倦怠的归因探究——以社会性别为视角[J].广西师范大学学报（哲学社会科学版），2022，58（3）：50-62.

[4] 计明礼.浅谈如何增强中小学美术教师文化建设者的责任感[J].美术大观，2012（5）：166-166.

[5] 李彩芳，文雪.小学教师的实践思索[M].武汉：武汉大学出版社，2016.

[6] 李丰旭，张伟.超前教育背景下小学教师专业成长路径选择研究[J].现代中小学教育，2021，37（8）：69-72.

[7] 梁玖.美术学[M].长沙：湖南美术出版社，2005.

[8] 刘皓.院校协作下小学教师教育科研能力发展的实践研究[J].长江丛刊，2020（20）：166.

[9] 梅玉洁.美术教育专业学生向基础教育美术教师转化问题的思考[J].中国成人教育，2012（16）：132-134.

[10] 慕容勋，文雪，林叶舒.院校协作的小学教师专业能力的培养[M].武汉：武汉大学出版社，2018.

［11］孙建龙.专业认证背景下小学教师教育专业建设的问题与思考［J］.内蒙古师范大学学报（教育科学版），2021，34（5）：57-63.

［12］汤广全."全科型小学教师"的实质［J］.内蒙古师范大学学报（教育科学版），2019，32（6）：62-66，72.

［13］唐静芸.论小学教师专业学习共同体的构建［J］.教学与管理（理论版），2021（12）：46-49.

［14］王坤.新课程背景下中小学美术教师专业发展状况及其应对策略［J］.中小学教师培训，2017（4）：22-25.

［15］王明建，何杰.新时代小学教师关键能力建设的思考［J］.教师教育研究，2021，33（2）：84-87.

［16］王平.基于学生核心素养提升的小学教师培养——兼论"卓越"·"全科"［J］.当代教育科学，2022（1）：61-67.

［17］王强.我国卓越小学教师培养中的"全科"定位研究［J］.教师教育研究，2022，34（2）：96-104.

［18］王文京.活引生活之水激活课堂教学——核心素养背景下小学美术生活化教学策略［J］.美术教育研究，2022（3）：156.

［19］王贞惠，刘晓玲.小学教师专业能力训练［M］.成都：西南交通大学出版社，2018.

［20］肖美华.新课程背景下的小学美术教师专业发展［J］.第二课堂（D），2021（8）：83.

［21］闫小荣，姜凤斌.美术教师实践教学体系的实施过程与效果分析［J］.美术大观，2017（2）：162-163.

［22］杨家安，张德成，王艺霏.当代美术教师应具备的能力［J］.现代中小学教育，2012（4）：59-61.

［23］姚琳，徐来群.选择性教育理念下小学教育专业课程改革探索［J］.北京城市学院学报，2022（1）：31-35，39.

［24］张曦."教师即课程"理念下小学美术教师课堂语言高效实践探

索［J］.考试周刊，2017（8）：167.

［25］张小琴.小学美术课堂活动化教学模式的有效应用［J］.基础教育论坛，2022（5）：69.

［26］张学而.小学美术课堂合作学习的实施与评价［J］.教学与管理（小学版），2020（6）：43-45.

［27］周仙.有效运用小学美术欣赏教学的三种方式［J］.江苏教育（小学教学版），2022（3）：78.

［28］朱晶晶.浅谈小学教师美术课堂教学语言设计艺术［J］.中文信息，2017（4）：113.

［29］黄钰钦.小学美术教师组织扇画教学活动的价值与策略探究［J］.考试周刊，2021（60）：159.